知的生きかた文庫

老後の不安がなくなる
50歳からのお金の増やし方

濵島成士郎

三笠書房

はじめに

人生100年時代の「賢いお金の増やし方」

はじめまして。私は、株式会社 WealthLead の代表を務める濵島成士郎《はましませいじろう》です。

「人生100年時代を豊かに生きる」をコンセプトに、みなさんの資産形成のお手伝いをしています。

本書では、その経験を踏まえ、老後の資産形成を目的とした「**50歳からのお金の増やし方**」を具体的にお伝えします。

50歳は、自分の人生と向き合い、将来について考える「節目の年齢」です。

会社に勤めている人は、そろそろ定年を意識するようになり、「第二の人生」に思いを巡らす頃でしょう。個人事業主やフリーランスの人は、人生の「折り返し地点」にあたり、将来のプランを見直したり、煮詰めたりする頃かもしれません。

そして——誰もが「**老後のお金**」**を真剣に考えるターニングポイント**、それが50歳という年齢なのです。

それまでは、目の前の仕事や子育てで手一杯、とても老後のお金を考える余裕はなかった人も、50歳という年齢に達すると、多くの人の意識が変わります。

「そろそろ老後のお金について、真剣に考えないとまずいのではないか」

「今から、老後の資産形成を始めていかないと、間に合わないのではないか」……

このように、多くの人が、老後のお金について不安を抱き、真剣に向き合うようになるのです。

実際ここ数年、**50歳から老後の資産形成のために投資を始める人が急増**しています。

野村総合研究所の調査によると、投資をしている人の割合が最も高いのは50代だという結果が出ています（2021年「生活者1万人アンケート調査」）。それだけ、自分の老後について、不安を抱えている人が多いということです。

「老後の不安」とは、突き詰めれば、お金の問題に他なりません。

日本人の平均寿命は年々延び続け、「人生100年」の時代になりました。長生きは喜ばしい反面、その分、お金がかかることも事実です。その不安を解消するために、多くの人が、50歳から準備を始めようとしているのです。

50歳からお金を増やすには、「投資」が最も効率的で現実的な方法です。

今、世の中は「超低金利」の時代。いくら預貯金をしても、お金は増えません。それどころか、インフレで物価が上がれば、お金の価値は減ってしまうのです。

「50歳、投資経験ゼロ、資金ゼロ」の方も心配はいりません。

詳しくは本文で説明しますが、「投資信託」というプロが運用する金融商品に、「毎月一定の金額を積み立てていく」――これだけで十分です。あとは**「放っておいても大丈夫」**と言っても過言ではありません。「投資に回せる余裕資金はない」という方にも、無理なくできる方法をご紹介していきます。

他にも、「買ってはいけない金融商品、おすすめ金融商品」「税制優遇制度・iDeCoとNISA徹底活用法」などなど、みなさんに有益な情報だけをお伝えします。

あれこれ悩んでいるのは時間のムダです。これからの人生を考えた時、「今のあなたが一番若い」のです。

あなたが思い描く理想の人生を実現するために、今すぐ準備を始めましょう！

濵島成士郎

CONTENTS

1章 結局、「これからの人生、必要なお金」はいくらか？

2章

50歳から「投資で確実にお金を増やす」5ステップ

3章 50歳「経験なし、資金なし」からの資産形成プラン

4章

60代からの不安がなくなる「金融機関」の選び方

5章 資産形成のプロが教える、50歳からの「おすすめ金融商品」

6章

「税制優遇制度」iDeCoとNISA徹底活用法！

企画協力 ネクストサービス（株） 松尾昭仁
本文DTP 宇那木 孝俊

1章

結局、「これからの人生、必要なお金」はいくらか？

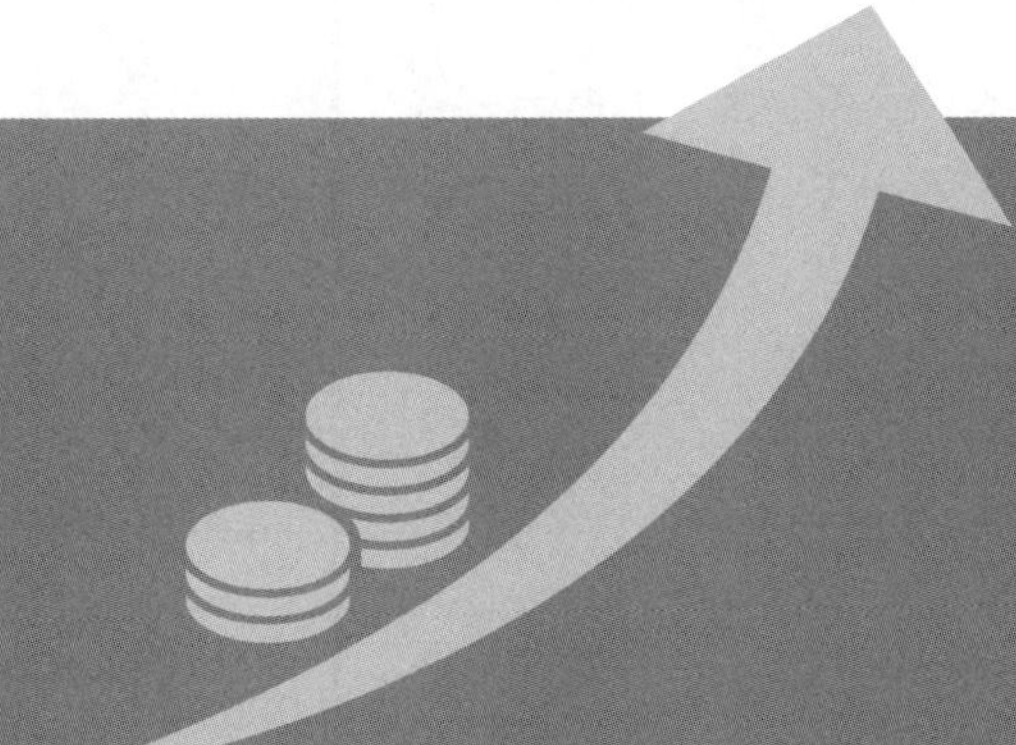

1

まず「将来、どういう暮らしがしたい？」を考えよう

50歳からお金を増やす——つまり、老後の資産形成を始める前に、まず考えてほしいことがあります。

それは、老後（リタイア後）にいくらお金が必要かということです。

あなたは、老後にいくらお金が必要でしょうか？

これは、じつは**あなたの人生を左右する「重要な問い」**です。

なぜなら、老後にいくらお金が必要かによって、50歳からのお金の増やし方、つまり、あなたの資産形成のプランが決まってくるからです。

この問いにすぐに答えられた人は、「お金リテラシー」の高い方だと断言できます。将来に向けて、すでにきちんと資産形成を始めていることでしょう。

でも、私の経験上、老後にいくら必要か、すぐには答えられない人が圧倒的に多い

と思います。これまで日々の仕事に精一杯で、老後について具体的に考える機会がなかったという人が大半だからです。

なんとなく「老後に2000万円必要」と考えた人がいるかもしれません。

2019年6月に金融審議会市場ワーキング・グループの報告書に記載された数字が独り歩きし、**「老後に2000万円不足する」**といった誤った情報が拡散されました。国民の不安感情を煽《あお》り立てる情報として大きな話題になりましたから、漠然と「老後に2000万円必要」とイメージした人は少なくないでしょう。

しかし、この数字はあくまで一般論です。もちろん、あなた自身の将来を示しているものでもありません。参考までに数字の根拠をあげましょう。

この報告書で示されたのは、「夫65歳以上、妻60歳以上の夫婦のみの無職世帯は、平均で、月の支出が26万3718円、収入は20万9198円であり、差し引き毎月5万4520円を貯蓄等の取り崩しで対応している」というアンケート結果です（介護費用や住宅リフォーム費用等の特別な支出は含まれていません）。

仮にこの状態が30年続くとすると、5万4520円×12カ月×30年＝1962万7200円、つまり約2000万円の取り崩しが必要になるとしました。これが「老後2000万円問題」の正体です。

このデータに間違いがあるわけではありません。ただし、この数字をどうとらえるかには注意が必要です。

2000万円という数字は、「現在夫65歳以上、妻60歳以上の夫婦」で「夫婦ともに無職の人」の「平均値」にすぎません。日本国民の全員が老後に2000万円足りないのではなく、現在の高齢夫婦無職世帯は「平均的に毎月5万円ほど貯蓄等の取り崩しをしています」というだけのことなのです。

働き方や生活スタイルが多様化し、資産もパートナーの有無も人それぞれ違います。ならば、老後に必要なお金だって、**人それぞれで変わってくるのが当然**です。

老後に必要なお金について、公益財団法人生命保険文化センターが行なった調査結果があります。参考までに見てみましょう（次ページ参照）。

これは全国18~69歳の約4000人（うち40~50代1848人、60代1003人）に、夫婦2人の老後の最低日常生活費（月額）を聞いたものです。20~25万円未満と答えた人が最多ですが、15万円未満で十分という人や30万円以上必要と答えた人も一

老後に必要なお金はいくら？

夫婦2人の老後の最低日常生活費（月額）

15万円未満	5.8%
15～20万円未満	13.0%
20～25万円未満	29.4%
25～30万円未満	13.1%
30～40万円未満	17.0%
40万円以上	1.9%
わからない	19.6%

ゆとりある生活費（月額）

20万円未満	2.8%
20～25万円未満	7.3%
25～30万円未満	10.6%
30～35万円未満	20.8%
35～40万円未満	9.5%
40～45万円未満	10.8%
45～50万円未満	2.9%
50万円以上	15.6%
わからない	19.6%

出所：生活保障に関する調査・財団法人生命保険文化センター
令和元年 12月発行

定数いるなど、人によってかなり違います。

また、ゆとりある生活費（月額）に関する結果も出ています。最多ゾーンは30～35万円未満ですが、50万円以上ないとゆとりある生活はできないと答えた人も相応にいます。ちなみに、ゆとりある生活とは、旅行やレジャーに行ったり、趣味や教養にもお金が使え、充実した日常生活を送る、ことだそうです。

さて、ここまでお読みいただき、老後に必要なお金について、なんとなくイメージできたでしょうか？

おそらく、できない人のほうが多いと思います。無理もありません。

なぜなら、金融審議会が公表した「2000万円」にしても、生命保険文化センターの調査結果にしても、「単なる平均値」や「他人の例」だからです。参考程度に知っておくとしても、あなたの人生設計にはあまり関係がない金額だということです。

そもそも「老後」が何歳から始まるのかだって、人によって違いますよね。

会社員の人でも、定年が60歳の人もいれば65歳の人もいるでしょう。また、自営業やフリーランスの人に定年はありませんので、いつから老後の生活が始まるかも人それぞれです。

あなたが老後に必要なお金は、**あなた自身の「お金の現状」と「将来、どういう暮らしがしたいのか」によって決まる**ものなのです。

あなたも「将来、どういう暮らしがしたいのか」を考えてみてください。

「定年後は、これまでの経験やスキルを活かして、起業したい」

「定年後は、田舎に帰って、のんびりと畑仕事をしたい」

このように、できるだけ具体的にイメージすることが大切です。

パートナーがいる人は、将来のイメージを話し合い、共有することも必要でしょう。

老後のお金を考えることは、将来の夢やビジョンを描くことでもあるのです。

こうして、将来のビジョンが明確になって、はじめてその暮らしを実現するためには、お金がいくらくらい必要かを考え、具体的な道筋を決めることができるのです。

まずは、「将来、どういう暮らしがしたいのか考える」。

これが、老後のお金を増やす――将来の資産形成を始める第一歩です。

2 老後の生活費は「現在の7割」が目安

「将来、自分はどういう暮らしがしたいのか」を明確にしたら、次は、「現時点でわかっている老後（リタイア後）のお金（収支）」を把握しましょう。

「リタイアした時点で、資産はどのくらいあるか？」

「リタイア後に、生活費はいくらくらいかかるのか？」

おおまかにでも、これらの金額を把握しておくことが重要なのです。

「老後のお金は足りるのか、もし足りないのであれば、いくらくらい足りないのか」がわからなければ、具体的な資産形成のプランを立てることはできません。

とは言え、ライフステージが変われば将来の収支も変わりますので、ざっくりで結構です。

のちほど、「老後のお金ワークシート」というものを使って、あなたの老後にいくらお金が必要かを明確にしていきます。ここではその前段階として、「現時点でわかっている老後（リタイア後）のお金（収支）」を把握することが目的です。ノートやスマホのメモ帳アプリなど、なんでも構いませんので、現時点でわかっている老後のお金について書き込んで、**客観的な目で把握**してみましょう。

まずは、現時点での預貯金や株式等の金融資産をお持ちの人はその金額、そして将来、受け取れる貯蓄型保険の満期保険金や個人年金保険を確認しましょう。

預貯金については、リタイア時に増えているかもしれませんし、思わぬ出費があって減っているかもしれません。株式等についても増減がありますので、正確には予測できません。ですから、現時点での金額をメモしておけば十分です。

また、お勤めの会社に退職金制度や企業年金制度はあるのか、あるとしたら退職金や企業年金はいくらぐらい期待できるのかも確認しましょう。就業規則や給与規定を確認するか、会社の人事総務担当に聞けばおおよそは把握できると思います。

次に、現在の毎月の生活費もおおまかに把握しておきましょう。

生活費とは、家賃や食費、水道光熱費、通信費、交際費、保険料等です。

なぜ、現在の生活費を把握するのかというと、将来の支出を把握するためです。リタイア後の生活費は、お金のある人もそうでない人も、「**現役時代の70%程度**」というデータが出ています。現在の生活費を把握しておけば、将来の支出を予想できるというわけです。

生活費は、項目ごとに細かい金額を把握する必要はありません。毎月、ほぼ確実にかかる合計金額がわかれば十分です。

毎月の手取り収入で、生活費がまかなえているでしょうか？

あるいは、手取り収入だけでは生活費がまかなえず、足りない分をボーナス等で補塡している状況ではないでしょうか？

そうした点を確認するためにも、生活費をおおまかにでも把握することは大切です。

ただ、生命保険や医療保険などの保険料は別です。おおまかではなく、しっかり把握しましょう。ムダに保険に入りすぎていないか、チェックすることが重要なのです。

「いま支払っている保険料が、本当に適正かどうか」

それを見直すことで、資産形成に回すお金が確保できる可能性が高いからです。

保険料の見直しはとても大切なので、改めて別の項目で詳しくご説明します。

持ち家の人は、リタイア時に住宅ローンが残っているかどうか、残っているとしたらいくらなのかを把握しておきましょう。

以上の点をノートやスマホのメモ帳アプリなどに書いて、ざっくりとでも把握しておくことが大切です。

のちほど「老後のお金ワークシート」を活用して、あなたの老後にいくらお金が必要かを明確にしていきます。

3 介護が必要になった時、いくらあれば安心？

「**人生の三大費用**」という言葉をお聞きになったことがあるでしょうか？

住宅費用、教育費用、そして老後のお金の3つです。長い人生の中で、この3つが最も「お金がかかる」と言われています。

年々、寿命が延びていることを考えると、これらに**「介護費用」**も加えて、いずれ「人生の四大費用」と呼ばれるようになるかもしれません。

このなかで、老後のお金が最も重大視されるのは、「収入がなくなってから必要なお金」だからです。

もちろん、住宅費用や教育費用も多額のお金がかかりますが、「現役で働いていれば、定期的な収入があるため、なんとかなる」のです。

老後のお金のなかで、生活費についてはおおまかに把握しました。ここでは、生活費以外で将来、大きな負担になるかもしれない「介護費用」について確認しましょう。

介護費用は、大きく「高齢者向け施設にかかる費用」と「介護にかかる費用」の2つに分けて考えてみましょう。

いま50歳の人が、将来、高齢者向け施設に入居するかどうかを具体的にイメージすることは難しいでしょう。実際、その時になってみなければ、施設に入居するのかどうかなど、わかるはずはありません。介護にかかる費用についても同様です。

ただ、老後のお金については、ある程度、**余裕をもって多めに見積もっておくほうが安心**です。将来、あなたが高齢者向け施設に入居し、介護をしてもらう前提で考え

高齢者向け施設にもいろいろある

介護が必要な人向けの施設

公的	特別養護老人ホーム	原則として要介護度3以上が対象。身体介護、生活支援、介護等、サービスは多岐に渡る。費用が安く人気が高い。終身利用が可能
公的	介護老人保健施設	退院した後に在宅復帰を目指す人向けに医療ケアやリハビリを提供。原則として3～6カ月間の入居
公的	介護医療院（介護療養型施設）	要介護度1以上対象、充実した医療ケアやリハビリを提供。長期療養が可能だが、回復したら退去も
民間	介護付き有料老人ホーム	介護が必要な65歳以上が対象。介護スタッフが常駐し、多岐にわたる手厚いサービスがある
民間	住宅型有料老人ホーム	介護度の軽い人や支援が必要な人向け。必要な分だけのサービスを受けることが可能
民間	グループホーム	要支援2以上の65歳以上で認知症の人が対象。少人数制で認知症の進行を緩和

自立した人向けの施設

公的	軽費老人ホーム	夫婦どちらかが60歳以上かつ身の回りの世話ができて月収34万円以下の制限がある。日常生活をサポート。比較的費用が安い
公的	ケアハウス	軽費老人ホームの一つ。入居金や家賃は必要だが所得制限はない
民間	サービス付き高齢者向け住宅	バリアフリー設計の賃貸住宅で見守りと生活相談サービスを提供
民間	シニア向け分譲マンション	バリアフリー設計の分譲マンションで見守りと生活相談サービスを提供。充実した設備のある富裕層向け物件も

てみてください。

まずは高齢者向け施設についてご説明します。

一口に高齢者向け施設といっても、「介護が必要なのかどうか」「公的施設か民間施設のどちらか」といった条件によって、サービス内容や費用は大きく変わってきます。

介護が必要な人向けの公的施設には、主に特別養護老人ホーム、介護老人保健施設、介護医療院（介護療養型施設）があります。民間施設には、主に介護付き有料老人ホーム、住宅型有料老人ホーム、グループホームがあります。

介護が不要な自立した人向けの公的施設には、軽費老人ホームとケアハウス、民間の施設は、サービス付き高齢者向け住宅、シニア向け分譲マンションがあります。

それぞれの特徴は、前ページの図で確認してみてください。

次に、気になる費用についてまとめてみます。

高齢者向け施設の費用は、入居一時金と月額利用料に分かれます。

公的施設の場合、ケアハウスを除き、入居一時金は必要ありません。月額利用料も**民間の施設に比べると安い傾向**にあります。ざっと挙げると、数万円から高くても20万円程度となっています。

民間施設の費用は、ピンからキリまでありますが、参考までに平均値を紹介します。

施設名	入居一時金	月額利用料
介護付有料老人ホーム	355万円	22万円
住宅型有料老人ホーム	102万円	14万円
グループホーム	10万円	12万円
サービス付き高齢者向け住宅	24万円	15万円

もちろん、地域によっても費用は相当変わってきます。

たとえば、高齢者向け施設全体の入居一時金の全国平均は約95万円、月額利用料は約15万円ですが、東京都の平均は入居一時金約416万円、月額利用料は約25万円、青森県だと入居一時金約1万円、月額利用料は約9万円となります。

もちろん、施設によっても大きな差がありますし、都心の高級施設であれば入居一時金は一桁違ってくるのが相場です。

次に、介護にかかる費用について見てみましょう。

公益財団法人生命保険文化センターが実施した「生命保険に関する全国実態調査（2021年度）」によると、介護が必要になった時に一時的にかかる費用の平均は74万円です。介護が必要になった時に一時的にかかる費用とは、介護用ベッドや車いすの購入費用、段差解消や手すりの取りつけなどの住宅のリフォーム費用のことです。

ただ、これは平均値であり、最も多かったのは15万円未満です。

月額費用については、平均8万3000円でした。もちろん、この金額はあくまで平均値であり、在宅なのか、施設に入居するのかによって変わります。さらに介護期間がどれくらい続くかによって、費用は大きく違ってくるのです。

この調査では、介護期間の平均は5年1カ月という結果が出ています。

ここまでのデータから、一応平均値をとってみると、一時的な費用は平均74万円、月額費用は平均8万3000円、介護期間は平均5年1カ月ですので、合計すると**介護に600万円近い費用がかかる計算**になります。

将来、自分やパートナーに介護が必要になるかどうかは誰にもわかりません。ただ、もし介護が必要になれば、その時は、パートナーや子どもに頼るか、あるいは、サービスが充実した施設に入居するしかないのが現実です。

私自身は、「ピンピンコロリ」が理想ですが、もし将来、介護が必要になったとしても、周囲に迷惑をかけないようにお金を準備したいと思います。

4 それでも「公的年金は破綻しない」3つの理由

老後の生活で、なんと言ってもみなさんの**収入の柱になるのが「公的年金」**です。

年金については、「近い将来、破綻する」「若い世代はもらえない」などといった、虚偽の情報が飛び交っているため、不安を抱いている人が多いと思います。

でも、安心してください。

公的年金は「近い将来、破綻する」こともなければ、「若い世代がもらえなくなる」こともありません。いずれも虚偽の情報、つまり「フェイクニュース」なのです。

将来、公的年金がいくらもらえるかの前に、まずはそれらの誤解をただし、みなさんの不安を解消することから始めたいと思います。

公的年金が**破綻する可能性は、限りなくゼロに近い**です。その理由は3つあります。

1つめの理由は、「財政が破綻しないように調整している」からです。

どういうことかと言うと、「物価の上昇（インフレ）や賃金の伸び率」と「現役世代の減少と平均余命の延び」を考慮して、年金が破綻しないように給付水準を調整しているのです。これを**「マクロ経済スライド」**と呼びます。

2つ目の理由は、税金でまかなう金額を上げることで、破綻を防ぐことができるからです。

公的年金のうち、国民年金部分の半分は税金でまかなっています。もし、財政が破綻して年金が支給されなくなれば、多くの人が生活できなくなり、日本中が大混乱に陥るでしょう。それを防ぐために、年金財政が厳しくなったら、税金でまかなう金額を上げることで、破綻しないようにすることが可能なのです。

3つ目の理由は、公的年金を運用して増やしているからです。

公的年金は、年金積立金管理運用独立行政法人（Government Pension Investment Fund）、通称「GPIF」が運用しています。資産規模は約192兆968億円に達し、世界最大の投資家と言えます。運用成果は、2001年からの累計でじつに**99・9兆円も儲かっている**のです（2022年度第2四半期末）。

次に、「若い世代も年金をもらえる」ということについて解説します。

公的年金は5年ごとに「財政検証」が行なわれています。前回は2019年にその結果が公表され、「**所得代替率**」という言葉がクローズアップされました。

所得代替率とは、「年金を受け取り始める時点（65歳）の年金額が、現役世代の手取り収入額と比較してどのくらいの割合か」を示すものです。たとえば、所得代替率50％という場合、「現役世代の手取り収入の50％を年金として受け取れる」ということを表しています。

33ページの表をご覧ください。これは、モデル世帯（サラリーマンの夫＋専業主婦の妻）の生年度別に見た厚生年金の年金額の見通しです（インフレ率1・2％、賃金上昇率1・1％、経済成長率0・4％を前提のケース）。

2019年度に65歳（1954年度生まれ）で年金をもらい始めた夫婦の場合を見てみましょう。その年の現役世代（男子）の平均賃金（手取り）は35・7万円になっています。右の欄を見ると、22・0という数字があり、その下に61・7％と書いてあります。この61・7％という数字が所得代替率です。

65歳の夫婦の年金額は、現役世代の平均賃金（手取り）35・7万円の61・7％ですから、年金は22万円ということになるのです。

その要領で各年齢の所得代替率を見ていくと、確かにこの数字は小さくなっていきますので、もらえる年金がどんどん減るように思えます。

では、1974年度生まれ（表では45歳）の人はどうでしょう？　45歳の人が65歳で年金をもらうとすると、23・4万円となっています。先ほど挙げた2019年に65歳で年金をもらい始めた人と比べ、**1万4千円も多くもらえる**ことになります。

1989年度生まれの人の場合、25・9万円ですから、やはり2019年に65歳で年金をもらい始めた人より、**3万9000円も増えている**のです。

もちろん、この数字は、インフレ率や経済成長率などの前提次第で変わります。経済情勢が悪くなれば、年金額が減少する可能性はあるかもしれません。

それでも、「年金がもらえない」といった最悪の事態が起こらないようにしっかり設計されています。虚偽の情報に振り回されるのは、もうやめましょう。

生年度別に見た年金額の見通し

〈厚生年金〉

生年度 [2019（令和元）年度における年齢]	現役男子の平均賃金（手取り）	1954年度生（65歳）	1959年度生（60歳）	1964年度生（55歳）	1969年度生（50歳）	1974年度生（45歳）	1979年度生（40歳）	1984年度生（35歳）	1989年度生（30歳）
2019年度（令和元）	35.7万円	22.0 61.7%（65歳）							
2024年度（令和6）	36.7万円	21.4〈58.5%〉（70歳）	22.1 60.2%（65歳）						
2029年度（令和11）	38.9万円	20.8〈53.5%〉（75歳）	21.4〈55.1%〉（70歳）	22.8 58.6%（65歳）					
2034年度（令和16）	41.0万円	20.1〈49.1%〉（80歳）	20.7〈50.6%〉（75歳）	22.1〈53.8%〉（70歳）	23.2 56.6%（65歳）				
2039年度（令和21）	43.3万円	19.5〈45.0%〉（85歳）	20.0〈46.3%〉（80歳）	21.3〈49.3%〉（75歳）	22.4〈51.9%〉（70歳）	23.4 54.1%（65歳）			
2044年度（令和26）	45.7万円	19.1〈41.7%〉（90歳）	19.4〈42.5%〉（85歳）	20.7〈45.2%〉（80歳）	21.7〈47.6%〉（75歳）	22.7〈49.6%〉（70歳）	23.6 51.7%（65歳）		
2049年度（令和39）	48.2万円		19.6〈40.7%〉（90歳）	20.4〈42.3%〉（85歳）	21.4〈44.5%〉（80歳）	22.4〈46.4%〉（75歳）	23.3〈48.4%〉（70歳）	24.5 50.8%（65歳）	
2054年度（令和36）	50.9万円			20.8〈40.8%〉（90歳）	21.4〈42.1%〉（85歳）	22.4〈44.0%〉（80歳）	23.3〈45.9%〉（75歳）	24.5〈48.1%〉（70歳）	25.9 50.8%（65歳）
2059年度（令和41）	53.7万円				21.9〈40.8%〉（90歳）	22.4〈41.6%〉（85歳）	23.3〈43.4%〉（80歳）	24.5〈45.6%〉（75歳）	25.9〈48.1%〉（70歳）
2064年度（令和46）	56.7万円					23.0〈40.6%〉（90歳）	23.3〈41.2%〉（85歳）	24.5〈43.2%〉（80歳）	25.9〈45.6%〉（75歳）
2069年度（令和51）	59.8万円						24.3〈40.6%〉（90歳）	24.5〈40.9%〉（85歳）	25.9〈43.2%〉（80歳）
2074年度（令和56）	63.2万円							25.7〈40.6%〉（90歳）	25.9〈40.9%〉（85歳）

1万4000円多い

3万9000円多い

出所：厚生労働省　2019（令和元）年財政検証の資料

5

老後の収入の柱「公的年金」、いくらもらえる？

さて、「公的年金」について、みなさんの不安がやわらいだところで質問です。

「将来、自分がいくら年金をもらえるのか」、理解していますか？

意外に多くの人が、将来、自分がいくら年金をもらえるのか、きちんと理解していないようです。先ほどもお伝えしましたが、公的年金は老後の大事な収入の柱です。

公的年金がどのようなものかも含めて、ここで理解しておきましょう。

公的年金の最大の特徴は「終身」、つまり「**死ぬまでお金がもらえる**」ことです。

公的年金を受給できるのは原則65歳からですが、それ以外でも、病気やケガが原因で「障害認定」を受けた時はもらえますし、本人が死亡した時には、その人によって生計を維持されていた遺族が受け取ることができます。

また、専業主婦・主夫など扶養されている人は、保険料を納付することなく年金を

公的年金の「基本」をおさらいしよう。

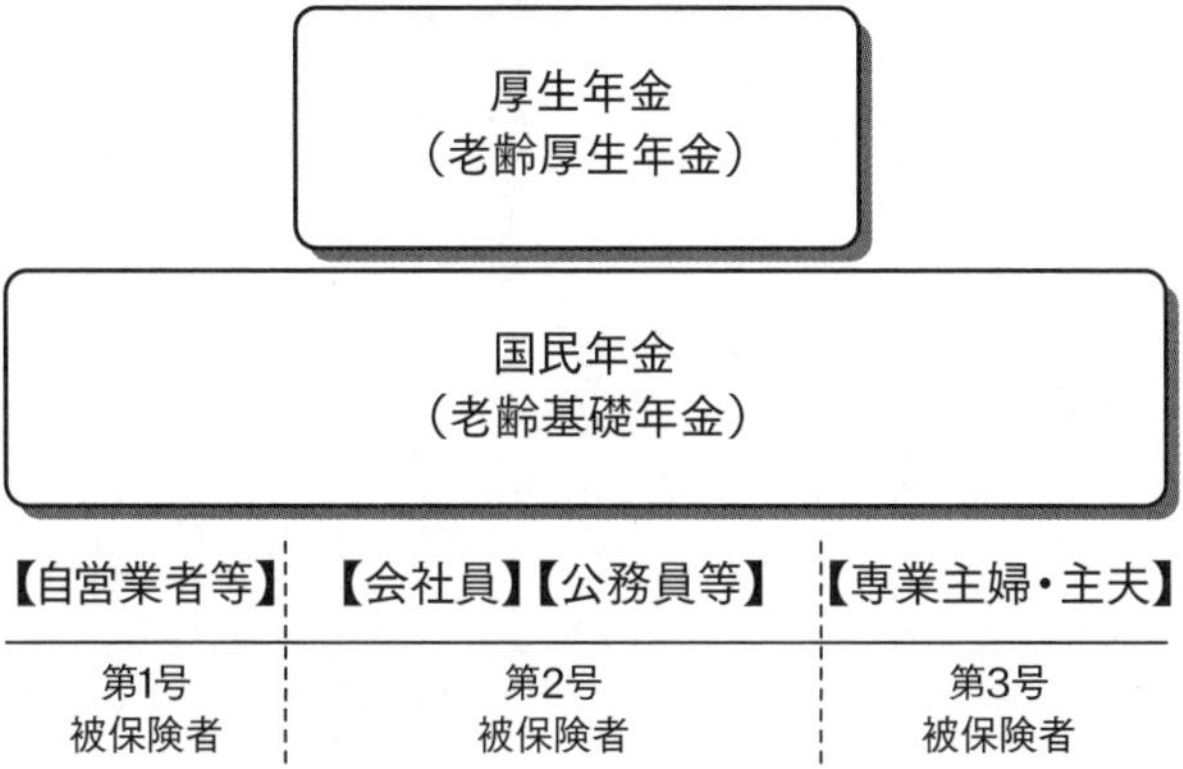

もらえます。その原資は、みなさんが納付する保険料の他に、企業が納付する保険料と国の税金です。つまり、公的年金は日本の社会全体で支え合う相互扶助の仕組みでもあるのです。

公的年金はベースとなる国民年金（老齢基礎年金）と、その上に厚生年金（老齢厚生年金）があります。国民年金を1階部分、厚生年金を2階部分と呼び、2階建て構造になっています。

国民年金は、日本国内に住んでいる20歳以上60歳未満のすべての人の加入が法律で義務づけられています。厚生年金は会社員や公務員等が加入する年金で、国民年金に上乗せする形になっています。

働き方によって、自営業者やフリーランスの人を第1号被保険者、会社員や公務員等の厚生年金加入者を第2号被保険者、第2号被保険者の扶養に入っている専業主婦・主夫の第3号被保険者に分かれます。

ここまでが制度のおさらいですが、次に納付する保険料を確認しておきましょう。

国民年金の保険料は、令和4年度は月額1万6590円（毎年若干の変動があります）ですので、第1号被保険者の人は月1万6590円を納付します。

前払い制度を利用すると割引されますし、クレジットカードでの納付も可能です。多少なりともお得になりますので、ぜひ検討してみてください。

厚生年金に加入している第2号被保険者の人は、勤め先の会社で給与天引きされます。保険料は、実際の給与（基本給、残業代、各種手当などを含む）と標準報酬月額（月給）に照らして決定され、その18・3％を会社と被保険者とで折半して納付します。たとえば毎月の給与が30万円の場合、保険料は月額5万4900円となり、これを会社と折半しますので、被保険者は月額2万7450円を納付することになります。

第3号被保険者の人は、配偶者が加入する年金制度が負担するため、本人による保険料負担はありません。

次は、もらえる金額を確認していきましょう。公的年金は、原則として65歳から受給することができます。ただし、個人の事情や希望により、繰り上げて受給することや繰り下げて受給することも可能です。

早めに必要な場合、60歳から年金を受け取ることも可能です。ただし、この制度を利用して65歳より早く受け取り始めた場合、1カ月につき0・4%ずつ減額されます。

また、最長75歳まで繰り下げ受給することも可能です。繰り下げる場合は**1カ月につき0・7%ずつ増額**されますので、**75歳まで繰り下げると84%も増える**ことになります。十分な所得があれば、繰り下げ受給を検討してもいいでしょう。

もらえる年金を具体的に確認しておきましょう。

国民年金（単身者）	5万6252円
国民年金（夫婦2人）	11万2504円
厚生年金（国民年金含む）	14万4366円
厚生年金（夫）＋国民年金（妻）	22万9994円
厚生年金（共働き）	26万8550円

この表は、現在年金を受給している人の月額の平均受給金額です。

このように働き方によってかなり違ってきます。ただ、あくまで平均の金額であり、保険料を納付した期間や、第2号被保険者の人の場合は現役時代の所得によって違ってきます。ご自身の状況は、誕生月に送られてくる「ねんきん定期便」によってある程度わかります。

50歳未満の人は、これまでの保険料納付額と年金加入期間、これまでの加入実績に応じた年金額が記載されています。年金額が少なくても、将来その金額しかもらえないわけではありません。「これまでの加入実績」しか考慮されていないので、ご安心ください。

50歳以上になると、現在の加入条件が60歳まで継続すると仮定した場合、将来受給できる年金額も記載されています。かなり現実的な金額になってきます。ぜひ確認しておきましょう。

また、「ねんきんネット」(https://www.nenkin.go.jp/n_net/)ではいつでも確認することができます。ユーザー登録をしておくと便利です。活用してみてください。

ちなみに、**納付した保険料ともらえる年金額の損得勘定**が気になる人もいるかもしれません。一例として、第1号被保険者の人で計算してみましょう。

20歳から60歳まで満額保険料を払った場合、現在（令和4年度）の月額保険料1万6590円が変わらなかったとすると、納付した保険料の合計は1万6590円×12カ月×40年で796万3200円になります。令和4年度の国民年金の満額受給額は年間77万7800円ですので、65歳から受給を開始したとすると、10年3カ月以上受給すれば支払った保険料より多くもらえる計算になります。

長生きすればするほど「お得」ということになりますね。

ただ、公的年金にもデメリットがあります。それは「物価の上昇に弱い」ことです。公的年金は、前述したように、「マクロ経済スライド」の仕組みがあり、破綻しないように調整しています。それにより、「賃金や物価の上昇率よりも、年金額の上昇率のほうが低くなる」のです。

つまり、物価がどんどん上がっても、年金はそれほど上がらないので、実質的な価値は目減りすることになります。この点は頭に入れておきましょう。

6 「自分の老後に必要なお金」を試算してみよう！

それでは、実際に「老後にいくらお金が必要か」、シミュレーションしてみましょう。

「老後のお金は十分かどうか」

「不足するとしたら、いくら足りないのか」

ざっくりとでも把握しておくことが大切なのです。

私が普段、**お客様から老後の資産形成のご相談を受ける際に使っている「老後のお金ワークシート」**をもとに試算してみましょう。

42、43ページをご覧ください。これが、「老後のお金ワークシート」です。

このワークシートをコピーしてご使用になると、記入しやすいと思います。

あるいは、以下のメールアドレスにご連絡をいただければ、「老後のお金ワークシート」をEXCELファイルでお送り致します。「老後のお金ワークシート希望」と明

記のうえ、メールをお送りください。　宛先：contact@wealthlead.co.jp

さて、まずは、「老後のお金ワークシート」に老後（リタイア後）に受け取れる資金の総額を記入していきます。以下の①～⑥の金額について、おおまかでもかまいませんので、記入をしてみてください。

①公的年金（年額）……将来、想定される年金額を記入してください。50歳以上の人は「ねんきん定期便」に記載の金額です。50歳未満の人や「ねんきん定期便」が見当たらない人は、厚生労働省が提供している「公的年金シミュレーション」でシミュレーションできます。

「公的年金シミュレーター」https://nenkin-shisan.mhlw.go.jp/

「ねんきん定期便」の見方がわからない人は、日本年金機構の以下のサイトを参考にしてください。https://www.nenkin.go.jp/service/nenkinkiroku/torikumi/teikibin/teikibin.html

＋ ⑦総資産 （　　　）万円 ＝ ⑧老後の受取総額 （　　　）万円

②金融資産 （　　　）
③年金保険 （　　　）
④退職金・企業年金 （　　　）
⑤相続財産 （　　　）
⑥その他の収入や資産 （　　　）
合計 （　　　）

⑲差額 （　　　）万円

＋ ⑰諸経費 （　　　）万円 ＝ ⑱老後の必要資金総額 （　　　）万円

⑩住宅ローン （　　　）
⑪趣味等の費用 （　　　）
⑫リフォーム費用 （　　　）
⑬介護費用 （　　　）
⑭高齢者向け施設費用 （　　　）
⑮葬式費用 （　　　）
⑯その他 （　　　）
合計 （　　　）

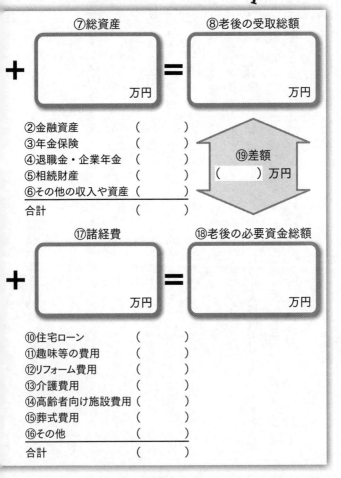

「老後のお金ワークシート」

①公的年金（年額）

万円

×

(a)受給年数

年

⑨月間生活費

万円

× 12か月 ×

(b)生活年数

年

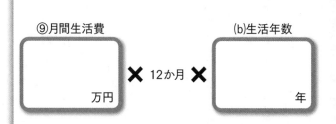

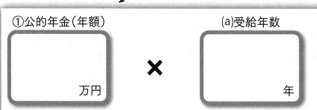

②金融資産……現在保有している預貯金や株式等です。
③年金保険……将来受け取れる貯蓄型保険の満期金や個人年金保険です。
④退職金・企業年金……会社に制度があるのかどうかも含めて確認しましょう。
⑤相続財産……想定される相続財産を記入してください。
⑥その他の収入や資産……たとえば、不動産の家賃収入や暗号資産など。

②~④については、21、22ページでざっくり把握をしましたよね。ノートやスマホのメモ帳アプリに書き込んだ金額をこのシートに書いていけばOKです。
この①から⑥を合計した額を⑦「総資産」に記入しましょう。
そして、①公的年金（年額）×(a)受給年数+⑦「総資産」の合計金額を、⑧「老後の受取総額」の欄に記入してください。

ここで、(a)受給年数についてご説明します。まず、ご自身がリタイアするだろうと思われる年齢を想定してみましょう。たとえば、65歳でリタイアするとします。65歳から自分が何歳まで生きるかは、本人だってわかりませんよね。

あなたは、あと何年生きられる？

	男		女	
現在の年齢	平均余命	年齢	平均余命	年齢
40	42.6	82.6	48.4	88.4
45	37.8	82.8	43.6	88.6
50	33.1	83.1	38.8	88.8
55	28.6	83.6	34.1	89.1
60	24.2	84.2	29.5	89.5
65	20.1	85.1	24.9	89.9
70	16.2	86.2	20.5	90.5
75	12.6	87.6	16.3	91.3
80	9.4	89.4	12.3	92.3
85	6.7	91.7	8.8	93.8
90	4.6	94.6	5.9	95.9

出所：厚生労働省「令和２年簡易生命表」から弊社作成

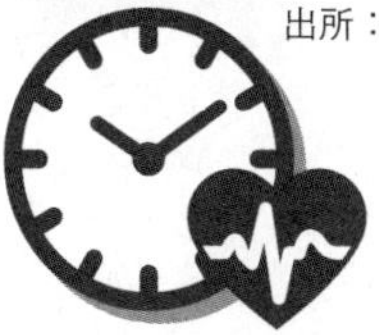

そこで、ここでは**平均余命**を使って試算をします。前ページの表をご覧ください。

これは、現在の年齢の人が、あとどれくらい生きると期待できるのか（平均余命）を示した表です。たとえば、65歳の男性は平均余命20・1歳ですので85・1歳まで生きることが期待できるということになります。

では、65歳でのリタイアを想定した場合、あと20年分の資金を準備すればいいということでしょうか？

残念ながら、それでは少々不安です。ピンピンしているのに、もう少し余裕をもって準備をしましょう。

もしあなたが85歳になった時、老後資金を考える時は、お金が尽きてしまったら、どうですか？　想像するのも恐ろしいですよね。

こうした事態を防ぐためにも、もう少し余裕をもって準備をしておくのです。

考え方をご説明しましょう。

85歳の男性の平均余命を見ると、91・7歳となっています。つまり、65歳男性の場合は、約92歳－65歳で27年分をみておくようにするのです。

女性は男性よりも長生きですから、同じく65歳でリタイアを想定すると、平均余命

24・9歳で約90歳、90歳の平均余命は5・9歳で約96歳ということになります。したがって、31年分で考えるようにしましょう。

次に、老後（リタイア後）にかかる費用の総額を計算します。将来のことは予測が難しいですが、わかる範囲内で費用を見積もってみてください。

⑨月間生活費……21、22ページで把握した生活費の70％の金額を記入しましょう。各種調査によって、リタイア後は現役時代の70％程度の生活費がかかることがわかっています。

⑩住宅ローン……リタイア時に残っているローンの金額を記入しましょう。

⑪趣味等の費用……旅行が好きな人は旅行費用、車が好きで数年おきに新車に乗り換える人はその費用、といった形でリタイア後に楽しむための費用。

⑫リフォーム費用……持ち家の人で想定されるのであれば記入しましょう。

⑬介護費用……介護が必要になった時の一時費用（介護用ベッドや車いすの購入、段差解消や手すり取りつけなどのリフォーム費用）と月額費用×介護期間の合計額で

す。読みにくい費用ですが、1人600万円として計算しましょう。

⑭高齢者向け施設費用……将来は自宅ではなく、施設に入りたい人は見積もってください。地域や施設の種類によって大きく違いますが、27ページで紹介した平均値を参考にしてみてください。

⑮葬式費用……自分とパートナーの葬式代。

⑯その他……大きな買い物や子どもの住宅費用等の予定があれば記入しましょう。

⑩から⑯までの合計金額を⑰「諸経費」の欄に記入しましょう。そして(b)生活年数は(a)受給年数と同じ数字です。

⑨月間生活費×12カ月×(b)生活年数＋⑰諸経費の合計金額を、⑱老後の必要資金総額の欄に記入してください。

そして、⑧「老後の受取総額」から⑱「老後の必要資金総額」を引いた金額を⑲差額の欄に記入してください。

これで、老後資金が足りるのか、足りないのか。足りないとしたら、いくらくらい足りないのかがわかります。

定期的に実施している「老後の資産形成」のセミナーでも、参加者のみなさんに「老後のお金ワークシート」を使って試算をしてもらいます。老後の受取総額、老後の必要資金総額を記入するまではいいのですが、その後で、老後の資金の目安が出ると、必ず悲鳴があがります。

「どうしよう！　1500万円も足りない！」

「これじゃあ、お先真っ暗だよ」

といった具合です。

あなたは、どうだったでしょうか？

もちろん、**老後に必要なお金は、状況次第でいかようにも変わります**。ここで試算した金額がすべてではなく、ライフステージや将来の生活プランが変わったら、柔軟に対応すればいいのです。

7
「老後の資金が不足した時」の3つの処方箋

前項の計算結果はいかがでしたか?

老後資金が不足する人が多かったのではないでしょうか。

ご安心ください。じつは、「老後のお金ワークシート」では、老後の必要資金総額がかなり多めに出るようになっています。その理由は2つあります。

1つ目は、**「受給年数に余裕を見ている」**からです。

65歳の平均余命から、さらに平均余命(男性92歳、女性96歳)まで設定しましたが、実際はそこまで長生きする人のほうが少ないと思います(ただし、平均余命は年々延びていますし、準備する老後資金については余裕を見ておいたほうが安全です)。

もう1つの理由は、**「月間生活費を多めに見積もっている」**からです。

少し考えていただければおわかりのように、リタイア直後は健康でアクティブに活動するのでお金を結構使うと思います。しかし、年齢を重ねていくにしたがって、だんだんと活動の量も頻度も落ちてくるのが普通です。それにともない、月々の生活費もだんだんと少なくなっていくでしょう。

以上のことから、多めの金額が出るようになっているのです。

とは言え、「老後のお金ワークシート」で老後資金が不足するという結果が出てしまったのであれば、何とかしなければなりません。

そこで、老後資金の不足を補う3つの処方箋をお伝えします。

①、できるだけ「長く働く」。

②、できるだけ「支出を減らす」。

③、すぐに「投資を始める」。

この章では、①「できるだけ長く働く」、②「できるだけ支出を減らす」に絞って、お伝えしたいと思います。③の、「すぐに投資を始める」については、次の2章でじっくりご説明します。

まず、①の「できるだけ長く働く」については、働く期間が長くなればなるほど、**それだけ収入を得られる期間が延びる**ということです。

仮に「生涯現役で働く」としたら、老後のお金の不安はずいぶん解消されますよね。嫌でなければ、できるだけ長く働くことを検討するのもいいでしょう。

最近は、60歳以上の起業希望者や起業家が、年を追うごとに増えてきています。起業してしまえば、いつリタイアするかは自分で決めることができます。起業とまではいかなくても、それまでの経験を活かして、フリーランスとして仕事をすることも考えられると思います。

それに、前述のとおり、長く働けば「公的年金を増やす」こともできます。生活ができる収入があれば、公的年金の受給を遅らせて、1カ月につき0・7%増額することができます。70歳からの受給にすれば、42%も受給金額を増やすことができ、もし75歳からの受給にすれば、なんと84%も増額になるのです。

ただ、自分がいつまで生きるかわかりませんので、早めに受給したほうが得か、それとも、とことん繰り下げたほうが得になるかは、「神のみぞ知る」です。

次に、②の「できるだけ支出を減らす」は、当たり前のことのように思えますが、

コツコツと継続していけば、**やがて大きな成果**につながります。

それに、収入を増やすのは自分の努力だけでは思い通りになりづらいですが、支出を減らすのは自分（とパートナーや家族）の工夫しだいで、なんとかなるものです。

たとえば、あまり通っていないスポーツジムの会費、ほとんど観ない有料の動画配信サービス、加入した時からほったらかしで課金されているスマホアプリ……毎月自動的に引かれる「サブスクリプション」の費用です。こうしたムダな支出があったら、今すぐ見直してください。

あるいは、スマホを格安キャリアに変えるとか、電力・ガスのプランや会社を変更するなど、ちょっと調べれば支出を減らすことができます。

相応のお金がかかるのは「車」です。車は、自動車税や保険料だけでも年間10万円以上、駐車場も借りているなら月に数万円の費用がかかっていると思います。

買い物やレジャー等で月に数回しか乗らないのであれば、カーシェアやレンタカーを利用するのでも十分かもしれません。

ただ、車が大好きな人は無理に見直す必要はありません。それは、あなたの人生を豊かにしてくれる大切なものに違いないからです。

また、家族旅行や家族そろっての外食を削ることも避けたいところです。なぜなら、家族での旅行や外食は必ずやいい思い出になりますし、豊かで素敵な人生を送るためには絶対にあったほうがいいと思うからです。

では、どうすればいいのでしょうか？

よく言われることですが、**「保険を見直す」のが最も効果的**です。これについては、次の項目からじっくりご説明します。

8

50歳からの「保険の見直し」こそ効果絶大の対策法

あなたも「生命保険」に入っていますよね？

生命保険には大半の人が入っていて、40～50代は90％前後とかなり高い加入率です。日本は「保険大国」と呼ばれています。世界の人口に占める日本人の割合は約1・7％。それに対し、生命保険料の日本人の占有率は10・5％になっています。日本人は保険が大好きなのでしょうか？　それとも不安をたくさん抱えているから保険に入るのでしょうか？

少々、きついことを申し上げますが、私は、「金融リテラシーが低いから必要以上に入っている」と考えています。また、リテラシーの低さにつけ入る形でビジネスをしている業者も跋扈《ばっこ》しています。

あなたはご自身が加入している保険の内容をちゃんと理解していますか？

毎月の保険料はいくら払っていますか？

過不足なく準備できていますか？

私の知る限り、ちゃんと理解して必要な分だけ加入している人は少なく、「ムダな保険料を払っている」人が圧倒的に多いと感じています。

「**必要な保険に必要な保障分だけ加入する**」ことで、毎月の保険料を削減することができます。その浮いたお金を、老後の資産形成に回せるように、これからのお話をしっかり理解してください。

まずは生命保険の概要を改めて知っておきましょう。みなさんがイメージしやすい

「掛け捨て型」と「貯蓄型」に分けて整理してみます。

◎「掛け捨て型保険」は本当にお得？

掛け捨て型保険とは、文字通り保険料は掛け捨てで**満期金や返戻金《へんれいきん》のない**（あるいは**あっても少額**）の保険のことです。代表的なのは「定期保険」です。

定期保険は一定期間のみを保険期間とする死亡保険で、保険期間中に亡くなった場合や高度障害状態になった場合に死亡保険金が支払われます。高度障害状態とは、病気やケガによって著しく身体の機能が損なわれた状態のことで、両目の視力や言語、そしゃくの機能を完全に永久に失ったものなどが該当します。

保険期間は10年、20年などの年数で決めるタイプと、60歳満期、65歳満期と満了時の年齢で決めるタイプがあります。

「収入保障保険」という保険もあります。この保険は、亡くなったり高度障害状態になったりした場合に、保険期間が終わるまで毎月（あるいは毎年）一定の金額を継続して受け取ることができる死亡保険です。毎月の給料のようなイメージで決まった金額を受け取れることに特徴があります。

また、病気やケガなどで治療を受けた際に、その費用を保障する「医療保険」も掛け捨て型です。がんと診断された時や、がんで入院・治療をした時に給付金を受け取れる「がん保険」もあります。

◎「貯蓄型保険」は本当にお得？

保険期間の満了時に満期保険金を受け取ったり、解約した時に解約返戻金を受け取ったりすることができる保険が貯蓄型保険です。代表例は「終身保険」です。名前の通り**生涯の保障**があり、被保険者が**亡くなった場合**や**高度障害状態になった場合**に保険金が支払われます。

保険料を支払う期間は、一生涯払い続ける終身払いと60歳までなどの年齢や20年間など一定期間のものがあります。

「養老保険」も貯蓄型です。養老保険は、保険期間中に亡くなった場合は死亡保険金が支払われ、生存して満期（保険期間の満了）を迎えた場合は死亡保険金と同額の満期保険金を受け取ることができる保険です。

他にも、子どもの将来の教育資金を目的とした「学資保険」や、老後資金の一部とするための「個人年金保険」があります。個人年金保険は、60歳、65歳など契約時に設定した年齢に達すると年金を受け取ることができます。

それぞれの特徴を説明しましたが、両者を比較すると「掛け捨て型より貯蓄型保険のほうがお得では？」と思う人もいるかもしれません。掛け捨て型は文字通り保険料が掛け捨てになってしまってもったいない、でも、貯蓄型だと支払った保険料は自分のために積み立てられ、保障と資産形成の両方を兼ねていてお得……というわけです。

しかし、「貯蓄型保険」はおすすめしません。その最大の理由は、**「貯蓄型保険の保険料は割高であり、全然お得ではない」**からです。

みなさんが支払っている保険料は、保険会社の人件費や宣伝費、事務所費用などに充てられる部分と、純粋に保険金や給付金の支払いに充てられる部分の両方から成り立っています。専門用語で前者を「付加保険料」、後者を「純保険料」と言います。

この付加保険料の部分、つまり、保険会社の人件費や宣伝費などは一般的には10%〜30%ですが、なかには50%近いものも存在します。ただし、保険会社もビジネスですから、その多寡は別として付加保険料は必要経費です。

貯蓄型の保険料の純保険料は、死亡した時に支払われる死亡保険料と、解約返戻金

保険はなんのために買うもの？

		発生確率	
		低い	高い
被害額	小さい	×	×
	大きい	○	

や満期の時に支払われる生存保険料から成り立っています。つまり、満期保険金に充てられる保険料以外の部分は「掛け捨て」になるのです。

将来の貯蓄のつもりで保険料を払っていても、じつはその**保険料の一部しか積み立てられていない**のです。

貯蓄や資産形成が目的なのであれば、それらに適した方法でするべきです。つまり、「保障は保険で、資産形成は投資で行なう」――。

これが理にかなった方法なのです。

保険は、保険料が割安な「掛け捨て型」を中心に考えましょう。

保険は「保障」を買う商品です。その保障にしても「確率は低いが万が一発生した際に被害が大きい」ケースに備えるものです。

前ページ図のように、仮にその事態が起こったとしても被害額が小さいのであれば保険で備える必要はありません。

たとえば、自転車が盗難に遭った時を考えてみましょう。もし盗難に遭ったとしても、一般的な自転車であれば被害額は数万円程度です。それくらいの金額であれば、わざわざ盗難保険に入る必要はありません。

「養っている家族のいる一家の大黒柱」の人の場合を考えてみましょう。

子どもがいてまだまだ教育費用がかかる人や、子どもがいなくても配偶者を養っている人にもしものことがあれば、家族はたちまち生活に困窮し、路頭に迷ってしまうでしょう。滅多にないことですが、万が一起こってしまったら大変なことになります。

こういう立場の人が生命保険に加入する必要があるのです。

一方、独身の人や、子どもはおらず配偶者も経済的に自立している人は、保険の必要は「ほぼ」ありません。自分に万が一のことがあった時、悲しむ人は大勢いるでしょうが、「経済的に」困る人はいないからです。

生命保険に関する基本的な考え方をご理解いただけたでしょうか。

9 万が一の時の「残された家族への保障」を見直そう

養っている家族がいる「一家の大黒柱」にもしものことがあれば、残された家族は精神的にも経済的にも大変なことになります。

そこで、経済面の保障を得るために生命保険に加入するわけですが、残された家族の収入が「ゼロ」になってしまうわけではありません。

日本の公的年金には「**遺族年金制度**」があります。不幸にして大黒柱が亡くなってしまった遺族は年金をもらうことができるのです。

この残された遺族が得られる収入を理解したうえで、**不足する分を生命保険で補えばいい**のです。

遺族年金には、「遺族基礎年金」と「遺族厚生年金」の2つがあります。

遺族基礎年金は国民年金（老齢基礎年金）の被保険者（つまり、日本国民全員ですね）、遺族厚生年金は厚生年金（遺族厚生年金）の被保険者が亡くなった場合に年金がもらえます。

詳しくご説明しましょう。遺族年金をもらうためには、亡くなった人の要件ともらう人の要件の両方を満たす必要があります。

①遺族基礎年金……亡くなった人が次のいずれかに該当する必要があります。

・保険料（保険料免除期間を含む）を加入期間の3分の2以上納付している。
・老齢基礎年金の受給資格期間が25年以上。

もらえる人は、「子のある配偶者」と「子」ですが、「亡くなった人によって生計を維持されていた」ことが前提になります。ちなみに、子とは「18歳になった年度の3月31日まで、または、20歳未満で障害年金の障害等級1級か2級である」という条件がつきます。子どもがいても**成人している場合は対象外**になります。

また、子のいない（子が18歳以上になっている）配偶者は受給対象外となります。

気になる「**もらえる金額**」について、確認しておきましょう。

遺族基礎年金は、子のある配偶者が受け取る時は、年額で77万7800円＋子の加算額となります。子の加算額は、2人目までは各22万3800円、3人目以降は各7万4600円です。月額の目安をお示ししておきます。

◎夫が自営業者等の場合の月額

【遺族基礎年金】

子どもが1人いる妻	約8・4万円
子どもが2人いる妻	約10・2万円
子どもが3人いる妻	約10・8万円
子どもがいない妻	64歳まで　なし（遺族基礎年金なし） 65歳以降　約6・5万円（妻の老齢基礎年金）

大黒柱が自営業者等の第1号被保険者の場合、子どもがいない場合は65歳になるまでは遺族年金は出ません。子どもがいる場合でも、後述する遺族厚生年金のような上乗せがないため、年金額が十分とは言えません。

必要な備えをしっかり検討する必要があります。

②遺族厚生年金……亡くなった人が、次のいずれかに該当する必要があります。

・保険料（保険料免除期間を含む）を加入期間の3分の2以上納付している。

・病気やけがが原因で初診日から5年以内に死亡した時（ただし右の条件に同じ）。

・1級、2級の障害厚生（共済）年金を受け取っている人が死亡した時。

・老齢基礎年金の受給資格期間が25年以上。

もらう人は、「妻、子、夫（死亡当時に55歳以上が条件）」のいずれかに該当する必要があります。遺族基礎年金と同じく、いずれも「亡くなった人によって生計を維持されていた」ことが前提になります。

ここでも、子は「18歳になった年度の3月31日まで、または、20歳未満で障害年金の障害等級1級か2級である」が条件になります。

また、妻、子、夫以外でも父母や孫、祖父母ももらえる人になり得ますが、**最も優**

先順位の高い人のみが受給できることになっています。

遺族基礎年金と違い、子がいない配偶者も年金がもらえます。ただし、亡くなった妻に生計を維持されていた夫の場合は55歳以上という条件がついています。

また、遺族厚生年金には、「中高齢寡婦加算」という制度があります。

これは、「夫が亡くなった時に40歳以上65歳未満で、生計を同じくしている子がいない妻」や、「遺族年金を受給していた子のある妻が、子が18歳になって遺族基礎年金を受給できなくなった時」に年金が加算される制度です。

遺族厚生年金は、亡くなった人の老齢厚生年金の報酬比例部分の4分の3の額となります。報酬比例部分はその人の標準報酬月額によりますので、給料次第です。

計算式は、平均報酬月額に加入月数と一定の料率を掛けて算出しますが、平成15年3月以前とそれ以降で料率も変わってきます。かなり複雑な計算が必要になりますが、67ページにざっくりとした目安をお示ししましょう。

また、中高齢寡婦加算は、妻が40歳から65歳になるまでの間、年額58万3400円が加算されます。

なかなか複雑ですね。そこで、大黒柱である夫が亡くなった場合に、妻が受け取る遺族年金の目安（月額）をお示ししておきます（日本年金機構の受給要件、支給開始時期、計算方法を元に試算）。正確に把握されたい場合は年金事務所へご確認ください。

◎夫が会社員や公務員等の場合の月額（標準報酬月額35万円を前提とした目安金額）

【遺族基礎年金＋遺族厚生年金】

子どもが1人いる妻		約13・1万円
子どもが2人いる妻		約14・9万円
子どもが3人いる妻		約15・6万円
子どもがいない妻	40歳未満	約4・7万円（遺族厚生年金のみ）
	40～64歳まで	約9・6万円（遺族厚生年金＋中高齢寡婦加算）
	65歳以降	約11・2万円（遺族厚生年金＋妻の老齢基礎年金）

会社員や公務員等の厚生年金被保険者が亡くなった場合、子どもがいる妻は「遺族基礎年金＋遺族厚生年金」がもらえます。子どもがいない場合、残された妻は年齢によって変わってきますが、40～50代の人であれば「遺族厚生年金＋中高齢寡婦加算」がもらえます。

「遺族厚生年金」は、いくらもらえる？

標準報酬月額	概算受給額（年額 / 月額）
20万円	約25万円 / 約2万円
30万円	約37万円 / 約3万円
40万円	約49万円 / 約4万円
50万円	約61万円 / 約5万円
60万円	約74万円 / 約6万円

※すべて平均標準報酬額とし被保険者期間を300月（25年）として計算した場合の概算。

つまり、**ある程度はお金を受け取ることができる**、ということです。

また、勤め先の福利厚生制度も確認しておきましょう。死亡退職金や死亡弔慰金、遺児育英年金などの制度がある会社もあります。遺族年金に加えて、勤め先からお金がもらえるのであれば、相応の保障があることになります。

なお、重い障害状態になった場合には障害年金が受け取れます。

公的年金制度は「老齢年金」に加え、「遺族年金」「障害年金」の3つの役割があるのです。公的年金に加入していれば、すでに基本的な保障が備わっていることを知っておきましょう。

10 「こくみん共済」「県民共済」は保証も掛金もお得

これまでお伝えしてきたように、万が一の時にもある程度の収入は期待できますが、働き方や家族の状況によってまったく違ってきます。

現状を理解したうえで、もしもの時に不足する生活費や子どもの教育費等を保険で確保すればムダがありません。

「不足額＝必要な保障額」は、保険会社のホームページ等で試算することが可能です。

インターネットで「生命保険　必要額」と入力して検索してみてください。

会社によって算出される金額はかなり違いますので、複数チェックしてみることをおすすめします。

個人的には、「オリックス生命」と「ライフネット生命」が比較的わかりやすくて参考になると思います。

ただ、試算は「簡易的」にしかできませんし、残された家族がどの程度の期間で生活を立て直せるかはわかりません。あくまで目安と考えてください。

次に、すでに加入している**保険を見直す時のポイント**をお伝えします。

貯蓄型保険を見直す時は、解約してしまう以外に、「払い済み保険」にする方法があります。

具体的には、「これ以降の保険料は払わず、その時点での解約返戻金をもとに保障額を変更する」ということです。当初の保障額より減額になりますが、一定の保障は継続することになります。

その場合、減額したその保障が本当に必要かどうか、解約返戻金を貯蓄や資産形成の資金に回すほうが有利ではないか、といった視点でも検討するようにしましょう。

また、見直しの際には、「**お宝保険は継続する**」のが原則です。

お宝保険とは、貯蓄型保険の中で予定利率の高い保険のこと。予定利率とは、保険会社が契約時に「この利回りで運用します」と約束する金利のことです。

1980年代半ばから90年代前半は4~6%の高金利でした。50代の人の中には、このような保険に入っている人もいらっしゃるかもしれません。今では望むべくもない予定利率ですので、解約してしまってはもったいないのです。

また、加入している（今後加入する）会社によっても保険料に差が出てきます。

たとえば、**「こくみん共済」**や各地の**「県民共済」**は、営利を目的としていない協同組合が運営している商品です。掛け捨て型しかないため、比較的リーズナブルな掛金で保障を得ることが可能です。

さらに、1年ごとに決算をして剰余金が出た場合、お金を加入者に返す「割戻金《わりもどしきん》」という仕組みがあります。30％程度の割戻率が多いので、**実質的な掛金はかなり割安**になります。

また、お勤め先の企業や団体によっては団体保険に加入できることがあります。会社や団体が一部の業務を保険会社に代わって行なうことで、保険会社の経費を削減できるため、保険料が安くなります。

ネット専業の保険会社も、比較的割安な保険料で加入することが可能です。保険を見直しする際にはいろいろと情報収集をしてみてください。

11 「がん保険」は本当に必要ですか？

「医療保険」についても、お伝えしておきましょう。

みなさん、「健康保険証」をお持ちですよね？

じつは、みなさんはすでに「公的」医療保険に加入しています。日本は「国民皆保険」の国です。すべての人が公的医療保険に加入し、全員が保険料を支払うことでお互いの負担を軽減し合っているのです。

現役世代の場合、かかった治療費の原則3割の自己負担で済みます。誰もが自分の意思で自由に医療機関と医師を選ぶことができ、誰でも平等に扱ってもらえます。

さらに、日本には**「高額療養費制度」**があります。これは、「同一月（1日から月末まで）でかかった治療費が高額になった場合、自己負担額の上限を超えた分は払い戻しますよ」という、大変ありがたい制度です。

上限額は年齢と収入水準で変わりますが、現役世代で標準報酬月額が28～50万円の人の場合、8万100円＋（総医療費－26万7000円）×1％という式で計算されます。たとえば、もし200万円の医療費がかかったとしても、この例では9万7430円の自己負担で済みます。窓口で一旦は60万円（200万円の3割）を支払いますが、あとで50万2570円が返ってくる計算になります。

また、あらかじめ「限度額適用認定証」の交付を受けておけば、窓口で支払う金額が最初から自己負担額の上限で済むようになります。

限度額適用認定証は、協会けんぽや組合健保、共済組合、国保組合などに加入している人は、保険証に記載されている保険の所属支部に、申請書と保険証、本人確認書類を提出するだけで交付されます。国民健康保険に加入している人は、市役所や区役所の国民健康保険の窓口に提出するだけです。早ければ1週間程度で交付されます。

ただし、公的医療保険でカバーされないものもあります。先進治療や病院の個室代、美容整形やレーシックなどのいわゆる自由診療などが該当します。

最近は、ほぼ「2人に1人はがんにかかる時代」と言われています。そのせいか、やたらにがんの不安を煽る保険会社の広告が目立ちます。

しかし、私は「**がん保険に入る必要はない**」と考えています。

がんで入院したとしても、入院日数はおおむね12～19日程度、入院費用は窓口での支払いは20万円～30万円ほどです。さきほどの高額療養費制度のおかげで、実質の自己負担額は9万円程度となるからです。ただし、個室を希望する場合や一部特殊な放射線治療をする場合は保険適用外になります。

先進医療についてもお伝えしておきます。先進医療と聞くと、何やら素晴らしい最新の治療法のように思いますが、公的医療保険の対象にするかを評価する段階にある治療・手術などのことを指しています。評価の結果、公的医療保険の対象となったり、対象から外れたりします。この治療を受ける場合は保険適用外となります。

こうして考えてみると、「過剰に医療保険に入る必要はない」ということがおわかりいただけると思います。がんと診断された時に一時金が欲しい人や入院した時に個室を希望する場合は、加入を検討すればいいと思います。先進医療は特約で付帯したとしても月額数百円ですので、つけておいてもいいかも知れません。

生命保険についてのまとめです。

・本当に保険が必要か検討する。
・万一の場合、期待できる収入を理解したうえで、必要な保障額を把握する。
・見直しや新規加入の際は掛け捨て型保険を優先する。
・共済や団体保険を優先的に検討する。

以上を踏まえて保険を見直すことで、老後の資産形成に回せるだけのお金が生まれてくると思います。私が相談を受けた中では、保険を見直すことによって月数万円程度のお金が浮いた方が多いです。

ぜひ、しっかり見直してみてください。

2章

50歳から「投資で確実にお金を増やす」5ステップ

1

50歳からは「投資」で賢くお金を増やそう！

50歳のあなたが、今から「資産を作る」ためには、**「投資」が最も効率的で現実的な方法**だと断言します。

といっても、今までまったく投資をしたことがない人にとっては、少々ハードルが高いですし、そもそも投資がどういうことか、よくわからないかもしれません。

そこで、まず投資について、ざっくりと概略をお伝えしたいと思います。

そもそも投資とは何でしょうか。私は次のように定義しています。

投資とは、「将来有望と思われる先に、リターン（見返り）を期待して、お金や時間、体力などのリソース（資源）を投ずること」です。設備投資や教育投資、自己投資、証券投資などなど、投資にもさまざまなものがあります。

すべてに共通するのは、何らかの**リターンを期待してリソースを投入する**ことです。

その結果、思ったようなリターンが得られれば成功でしょうし、思ったようなリターンが得られなければ、その投資は失敗ということになります。

たとえば、資格を取得する場合、参考書を買ったり、予備校に通うためにお金を使いますよね。何よりも勉強のための時間を費やします。これも、「資格を取得することでスキルや収入をアップする」というリターンを得るための投資と言えるでしょう。

よく投資と混同されやすいものに、「投機」や「ギャンブル」があります。これらは似ているようで、まったくの別物です。

投機とは「値動きを予想して短期的な売買により利益を狙う」ことです。株式投資の中でも、デイトレードといって、その日のうちに売買を完結させる取引は、投機に該当します。短期で値ざやを稼ごうとすれば、価格の変動に神経をすり減らす人もいるでしょう。

ギャンブルとは「物やお金などを賭ける行為」のことです。「参加する人の合計は必ずマイナスになり、**胴元が必ず儲かる**」という、怖い仕組みになっています。

たとえば、宝くじ。還元率は47％（令和2年度の実績）です。還元率とは、参加者が出したお金の合計に対する払い戻し率のことです。宝くじを買った人の合計金額が仮に100万円だとすると、払い戻しの合計額は47万円になります。

もし仮に、年末ジャンボ宝くじをすべて1人で買い占めたら、1等も含めて当選金のすべてが手に入りますが、「必ず損をする」ことになるのです。

つまり、この本を手に取ってくださったみなさんには、投機もギャンブルも不要だということです。

では、老後の資産を作るためには、どうすればいいのでしょうか。

私はズバリ「**証券投資**」をおすすめします。

証券投資とは、株式や投資信託、債券などの有価証券に投資することを指します。

それぞれの有価証券（金融商品）については、後ほどご説明します。

証券投資をおすすめする理由は次の3つです。

①、少ない金額から投資ができる。
②、いつでも現金化できる。
③、リターンを獲得できる。

たとえば、商品によっては100円から投資を行なうことが可能です。

また、解約や売却の手続きをすれば、数日で現金を手にすることができます。

リターンについては、「損する可能性がある」のは承知のうえで、それでもなお「お金が増える」可能性が大きいと言えます。

残念ながら、リスクがまったくないのに、リターンを得ることはできません。将来を保証することはできませんが、**「リスクを取るからこそ、その対価としてリターンを得ることができる」**のです。


以前、トマ・ピケティというフランスの経済学者が書いた、『21世紀の資本』(みすず書房)という本がベストセラーになりました。この本で明らかにされたのは、「過去200年以上、歴史を遡《さかのぼ》って調べた結果、経済成長率は年1~2%、資本収益率は年5%程度」であるという事実です。

これは、「労働で得られる富(=経済成長率)よりも、株式や不動産などの資産(資本)から得られる富(=資本収益率)のほうがつねに大きい」ということに他なりません。

「持てる者はより豊かになり、持たざる者は豊かにならない」

「お金は寂しがり屋なので、お金のあるところに寄って行く」

残酷ですが、そうしたことが証明されたのです。

そう考えると、老後の資産を作るためには「株式や債券、不動産などの資産を所有すればいい」ということになります。

しかし、実際には、個別の株式に投資するには相応のお金が必要ですし、勉強も必要になります。また、実物の不動産は多額のお金が必要になりますし、個別の物件ごとの目利きが重要になります。

いずれも、50歳前後のみなさんにとって、現実的な方法ではありません。

50歳から老後の資産を作ることを考えれば、私は、証券投資の中でも、「**投資信託を購入する**」ことをおすすめします。

投資信託というのは金融商品の1つですが、簡単に言えば「便利な箱」のようなものです。それも、「中にどんな資産や銘柄を入れるのかは自由」な箱です。

少ない金額から投資ができて、**金融のプロが儲かりそうな銘柄を選んで運用してくれる、とても便利な箱**なのです。たとえ、これまで投資をしたことのない初心者の人でも、個別の株式や不動産に投資することに比べれば、格段に簡単にできます。

投資信託を通じて、株式や不動産に投資する——これこそが、みなさんが資産を作る最良の方法なのです。

これから、さらに詳しく投資について説明していきます。

2

「資産形成のための投資」3つの基本原則

まず、老後の資産作りを目的とした「投資の基本原則」をお伝えします。

それは、**「長期・分散・低コスト」**——この3つのキーワードを覚えてください。これから、それぞれのキーワードについて具体的に説明をします。

投資の基本原則① 長期(長期投資)

投資は、投機やギャンブルとは違います。設備投資であれ教育投資であれ、成果が出るまでには時間がかかります。証券投資による老後の資産形成も同じです。

株価は毎日、目まぐるしく動いていますが、企業の業績や本質的な価値が毎日変わることはありません。企業価値は時間をかけて上がっていくのであり、それにつれて株価も上がっていくものなのです。

「長期」と言いましたが、どれくらいの期間を指すのか明確な定義があるわけではありません。また、長期投資なら必ず儲かるというわけでもありません。

しかし、短期間での投資に比べ、**長期投資のほうが「リターンが安定する」**傾向にあるのは事実です。次ページの図を見てください。

これは、金融庁のホームページに載っているグラフです。国内外の株式と債券に投資し、5年間保有した場合と20年間保有した場合を比較した結果です。

縦軸は発生確率、横軸は投資収益率（年率）となっています。

投資収益率（年率）とは「**年利回り**」のことで、「**投資金額に対して1年間で得られた利益の割合**」を表しています。保有期間5年の場合、元本割れの年もありますし、10％以上の利回りだった年もあり、運用成果にはかなりのバラつきが見られます。

一方、20年保有した場合、ほぼ年2～6％の利回りに収れんしています。

「長期投資」がおすすめの歴然とした理由

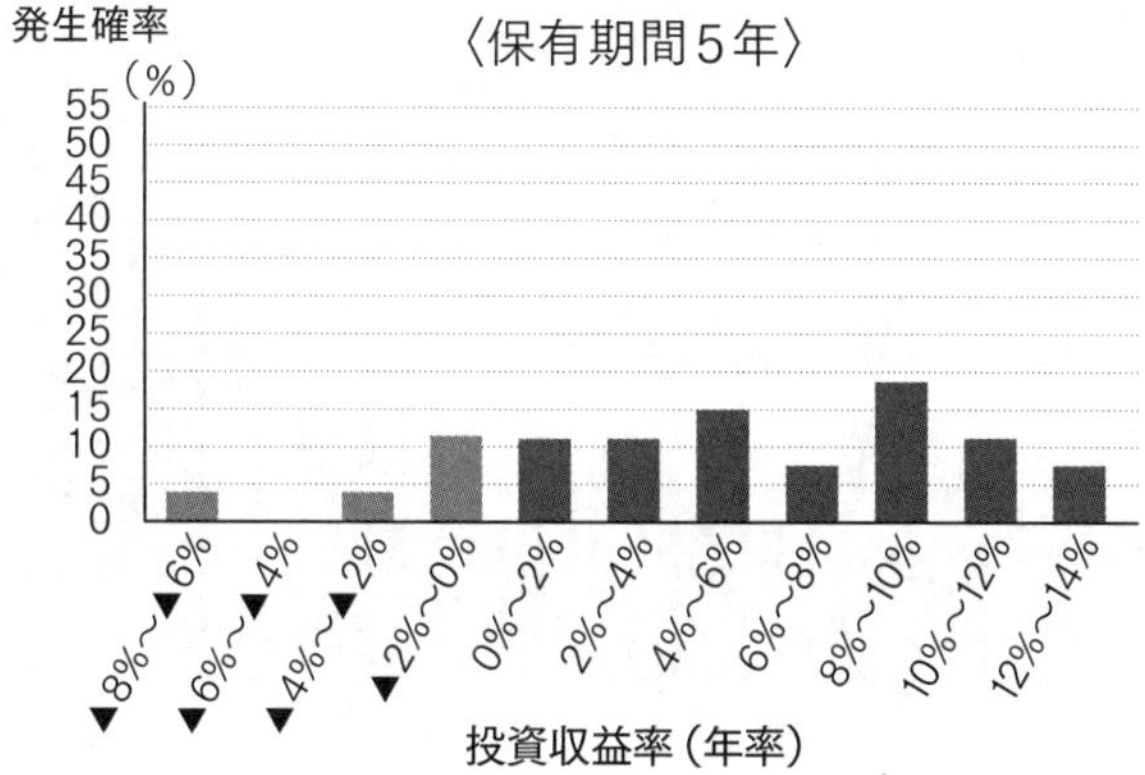

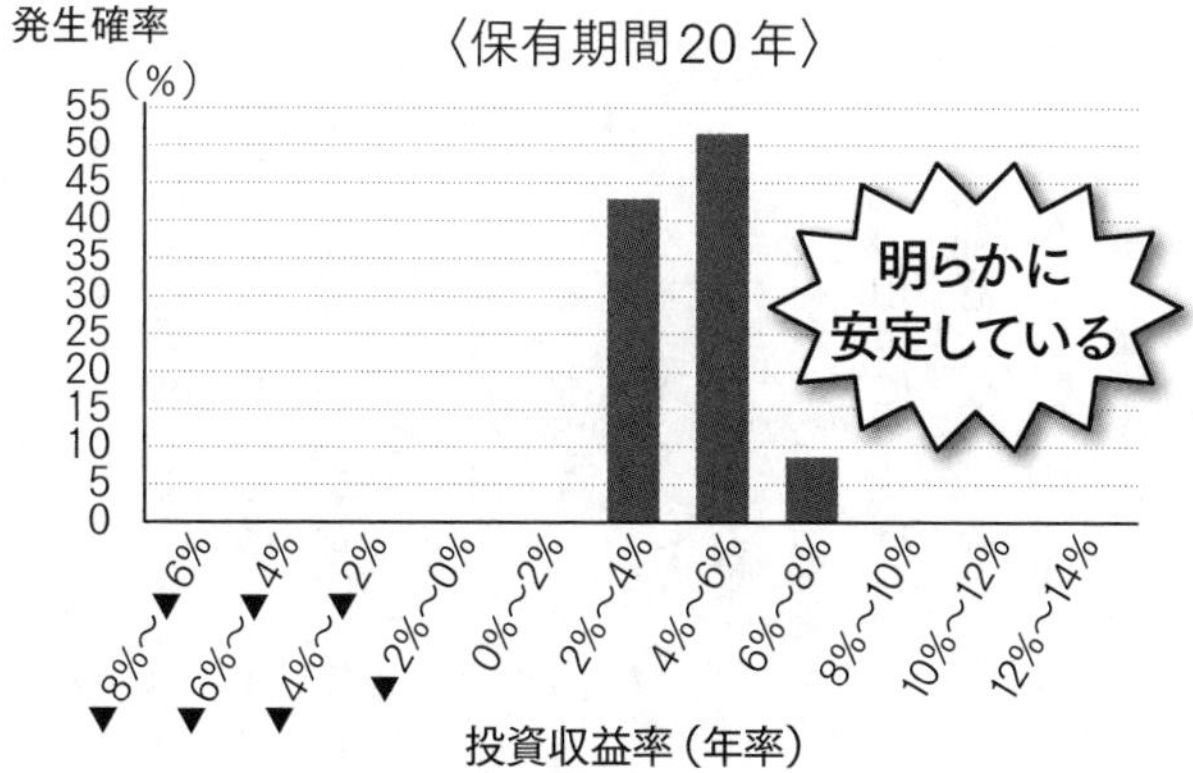

〈1985年以降の各年に毎月同額ずつ国内外の株式・債券を買付け。
各年の買付け後、保有期間が経過した時点での運用結果、年率を算出〉

利子が利子を生む「複利効果」を活かそう！

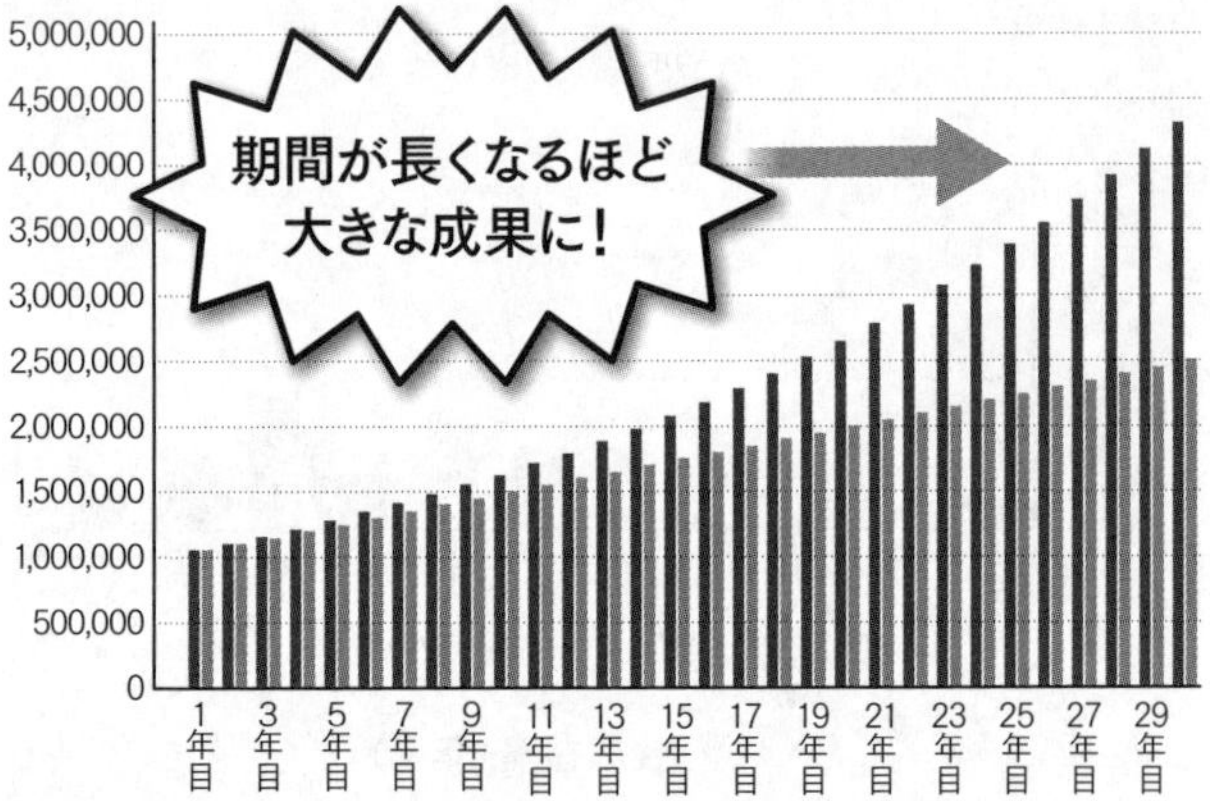

明らかに20年間保有するほうが安定していますよね。

あなたは「**複利**」をご存じでしょうか。20世紀最大の物理学者・アインシュタインが、「人類最大の発明」「宇宙で最も偉大な力」と呼んだものです。

複利とは「利子が利子を生む」考え方のこと。利息や配当などの運用成果を元本に加えて再投資することで収益が拡大していくことを「複利効果」と呼びます。

年5％の利息がつく預金があったとします。この預金に100万円を預けた場合、毎年利息を受け取ると（単利と呼びます）、元利合計で10年間では150万円、20年間では200万円になります。

これが複利になると、10年で162万8895円、20年だと265万3298円になります。複利効果は期間が長くなるほど成果につながります。

だから、老後の資産形成を目的とするのであれば、「長期投資」が基本となるのです。

投資の基本原則②　分散（分散投資）

分散とは、1カ所にまとめず、複数に振り分ける考え方のことです。

投資では、「資産（金融商品）」「地域」「時間」の3つを分散させることが重要です。それによって、**リスクを最小限に抑え、効率的にお金を増やしていく**のです。

株式、投資信託、債券といった資産（金融商品）のうち、「何に、どれくらいのお金を投資する」のか？

どの地域の資産（金融商品）を購入するのか？　国内なのか、海外なのか？　海外なら先進国なのか新興国なのか？

このように、投資資金をどのように配分していくかを、「アセットアロケーション（資産配分）」と言います。これについては、後ほど詳しくご説明します。

そして、もう1つ、「時間の分散」についてお伝えします。

—— 定期的に、同じ金額を投資！

7月	8月	9月	10月	11月	12月	合計
10,000	11,000	12,000	11,000	10,000	10,000	
10,000	10,000	10,000	10,000	10,000	10,000	120,000
1.00	0.91	0.83	0.91	1.00	1.00	12.8

老後の資産形成は、「**毎月の積み立て投資**」で行なうことが基本です。毎月の積み立て投資とは、「**定期的に、同額を**」積み立てる、つまり、毎月、一定の金額をコツコツと投資していく方法です。

じつは、この毎月の積み立て投資こそが、「時間の分散」なのです。

「定期的」に「同じ金額」を投資していく手法は、「**ドルコスト平均法**」と呼ばれています。

上の表をご覧ください。

ある投資信託を毎月1万円、1月から積み立てていった場合の計算例です。

1万円でスタートした基準《きじゅん》価額《かがく》（値段）は、上がったり下がったりしながら

「ドルコスト平均法」

	1月	2月	3月	4月	5月	6月
基準価額	10,000	9,000	8,000	7,000	8,000	9,000
投資金額	10,000	10,000	10,000	10,000	10,000	10,000
購入口数	1.00	1.11	1.25	1.43	1.25	1.11

12月に1万円に戻ったとします。この場合、購入した総口数は12・8口ですから、1万円×12・8口で12万8000円の時価評価になっています。

あれ、投資金額は12万円ですから、利益が出ていますね。

基準価額が安い時は多くの口数を購入でき、基準価額が高い時は購入できる口数が少なくなるので平均購入基準価額は安くなるのです。

ドルコスト平均法は、けっして万能ではないものの、上下しながらも長期的には上がっていく資産（金融商品）に投資するのであれば、非常に有効な方法だと言えるでしょう。

投資の基本原則③　低コスト

コストは資産形成の足を引っ張ります。資産（金融商品）を購入する時の手数料や内包されている手数料、税金などは、「確実に」資産形成の重荷になるのです。

仮に、運用管理費用（投資信託を運用・管理していくのにかかる費用）が年率0・1％の投資信託Aと、運用管理費用が年率1・5％の投資信託Bに、それぞれ毎月5万円、25年間積み立てたとします。

利回りが双方とも年7・0％と仮定すると、運用管理費用の合計と費用控除後の資産評価額は次の通りとなります。

投資信託A	運用管理費用　計54万円	資産評価額　3740万円
投資信託B	運用管理費用　計725万円	資産評価額　3069万円

毎月の積み立て金額と利回りが同じなのに、運用管理費用の違いによって、2つの資産評価額には、**671万円もの大差がついてしまう**のです。

そして、もう1つ大きなコストとしては「税金」があります。

投資信託や株式で資産形成に取り組み、十分な利益が出て売却した場合、**利益に対して20・315%**（所得税15%、住民税5%、復興特別所得税0・315%）の税金がかかります。また、投資信託の分配金や株式の配当金に対しても20・315%の税金がかかります。

でも、もし税金がかからない仕組みがあれば、より効率的な資産形成ができることになります。その仕組みこそが、iDeCoとNISAです。iDeCoとNISAについては、6章で詳しくお伝えします。

「長期・分散・低コスト」――この投資の基本原則は、呪文のように唱えて、しっかり覚えておいてください。

3

「50歳からのお金」を増やす5つの手順

「投資の鉄則はわかったから、早く儲かる金融商品を教えてよ」

なかには、そのようなせっかちな人もいるでしょう。

気持ちはわかりますが、焦りは禁物です。何事も正しい手順で進めることが大切なのです。みなさんの将来の人生を左右する「老後の資産形成」ならば、なおさらです。

これまで、3千人以上のお客様の資産形成のお手伝いをしてきましたが、**資産形成がうまくいかない人ほど、「正しい手順」を疎かにしがち**なのです。

毎月の収入の中から、いくら投資に回したらいいのでしょうか？

金融機関はどこを使えばいいのでしょうか？

そもそも、金融商品についてちゃんと理解しているでしょうか？

1つひとつ順を追って進めていくことが、老後の資産形成を成功させる近道です。

その手順を踏まずに、投資を始めるのは絶対にやめましょう。失敗する可能性が高くなります。

失敗とは、何も投資で「損をする」という意味だけではありません。たとえば、

・毎日の値動きが気になって、仕事も手につかない。
・現金化したいけど、損をするのが嫌で売るに売れない。
・勧められるままに投資をしたが、商品の内容がよくわからなくて不安。

これらすべてが「失敗」と言えるのです。自分に合わない商品や適正な金額を超えて購入したことで、「投資がストレスになる」ことも「失敗」なのです。

実際に、次のような例もあります。

安全で確実な投資の話があると友人に誘われてセミナーに参加したところ、元本保証で月利3%確定との話だった。信頼している友人が投資していることもあり、その会社や運用の内容についてはよく理解しないまま、100万円を投資した。最初のうちは説明通り配当金が入金されていたが、解約しようとした途端、のらり

くらりとはぐらかされ、ある日突然連絡がつかなくなってしまった。それっきり、お金は戻ってこない……。

これは、よくある「投資詐欺」の典型的なパターンです。

このような失敗をせずに、きちんと老後の資産を作るためにも、次の5つのステップを理解し、実践することが大切です。先ほどご紹介した「投資の基本原則」と、この5つのステップを踏むことは、いわば「投資の基本ルール」なのです。

ステップ1　「ゴール」を決める——何歳までに、いくら作るか。
ステップ2　「投資金額」を決める——いくらから始めるか。
ステップ3　「配分」を決める——どの資産に投資をするか。
ステップ4　「金融機関」を決める——信頼できるパートナーはどこか。
ステップ5　「金融商品」を決める——お金が増える商品は何か。

このあと、順を追って説明していきます。

4

ステップ1
「ゴール」を決める――何歳までに、いくら作るか。

50歳からお金を増やす――資産形成のための第1のステップは、「ゴール」を決める――つまり、**「何歳までに、いくらお金を作るか」**決めることです。

ゴールを決めると、どのような投資プランを立てればいいのか、ある程度見えてきます。といっても、すでに「ゴール」は決まっていますよね。

1章の「老後のお金ワークシート」でわかった「老後資金の不足分」が、今回のあなたのゴールです。リタイアの年齢も想定しましたので、「○○歳までに○○○○円」というあなたのゴールが明確になったのです。

老後資金が足りていた人は、高齢者施設への入居一時金など、別のゴールを考えてみましょう。

ゴールがわからないままに投資を始めた場合、どのような方法でどのくらいの金額を投資すればいいのか、見当がつきません。それでは、目的地も決めずに行き当たりばったりで旅行をするのと一緒です。十分な老後資金が作れるかどうか、なんとも心細いことになってしまいます。

ゴールがあるとブレない軸を持つことになります。自分のゴールにフォーカスし、着々と、粛々と進んでいけばそれでいいのです。

老後の資産形成だけでなく、投資をする時には目的・ゴールをイメージすることから始めていきましょう。

5 ステップ2 「投資金額」を決める――いくらから始めるか。

ステップ2では、**スタート時に投資する金額**を決めます。

「現在ある程度の預貯金があって、投資可能な資金がある人」と、「余裕の預貯金はまったくない人」では、当然、変わってきます。それぞれのケースを考えてみましょう。

まずは、「現在ある程度預貯金があって、投資可能な資金がある人」のケースです。

97ページの図は、スタート時に投資する金額の決め方を表したものです。

今ある預貯金のうち、まずは「当面の生活費」を除きます。このお金は、「何かあった時に」当面の生活を維持していくための資金です。

「何かあった時」というのは、「大きな病気にかかってしまった」「交通事故に遭ってしまった」、あるいは「突然仕事を失ってしまった」等で収入が途絶えてしまうような事態です。そのような時に当面生活を維持していくためのお金は、いわば「危機対応資金」ともいうべきお金です。預貯金に置いておきましょう。

このお金は、最低でも**月間生活費の6カ月分**、できれば1年~2年分ほどを確保しておきましょう。

次に、近い将来使う予定のお金も除きます。たとえば、今、子どもが中学3年生で、3年先に必要になる大学入学費用とか、近い将来マンションを購入するための頭金などが該当します。おおむね3年以内に使うお金は、投資に回さず預貯金として確保しておいてください。

こうして、投資に回してはいけないお金を除いた資金、それが「余裕資金」であり、投資に回すことができるお金です。この余裕資金のうち、いくらをスタート時に投資するのか、を考えるようにしましょう。

次に、「余裕の預貯金はまったくない人」のケースです。

子どもがいる40～50代の人は学費や塾、習い事の費用などの教育資金がかかり、**投資に回す余裕資金はない人**も多いかもしれません。

そういう人は、ズバリ「毎月の積み立て投資」を実践しましょう。毎月の積み立て投資とは、前述したように、毎月、一定の金額をコツコツと投資していく方法です。

その際に、毎月の投資額を「システム的に確保してしまう」ことが大切です。具体的には、「給料日前に残ったお金を投資に回す」のではなく、**収入から先に「天引き」**してしまうのです。

明治から大正時代にかけて活躍した本多静六《ほんだせいろく》さんという人がいます。

本多さんは、帝国大学農科大学（現在の東大農学部）の助教授を務めるかたわら、日比谷公園の設計や明治神宮の造林を手掛けました。40代で、今の価値にして100億円の財産を築いた人で、「**蓄財の神様**」とも呼ばれています。

「投資金額」――いくらから始めるか？

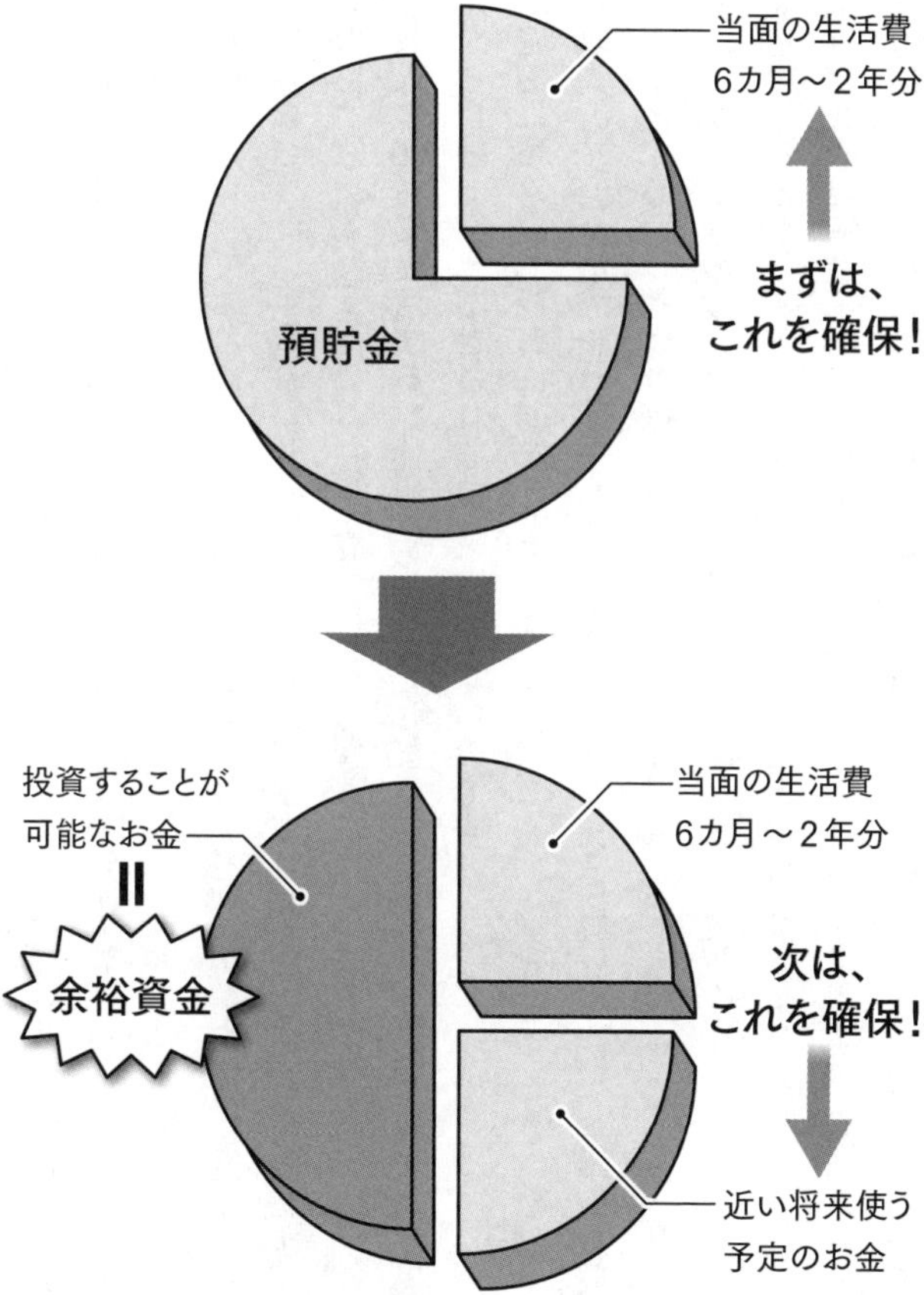

その本多さんが、投資の元手を作るために実践したのが、「4分の1天引き貯金法」です。定期収入の4分の1を強制的に貯金に回して投資の元手とし、残り4分の3で生活をしていたのです。

本多さんにならい、できれば、毎月の手取り収入の20%を積み立て投資に回すことを検討してみましょう。手取りが30万円なら6万円、手取り40万円なら8万円です。

「給料日前になんとかお金を残して積み立て投資に回す」のではありません。

「**手取り収入の80%で生活する**」仕組みを作ってしまう、つまり、手取り収入の20%を、口座から自動で引き落とされるように設定するのです。

これで確実に積み立て投資に回すことができます。

「手取り収入の20%を積み立てる」と思うと難しく感じると思いますが、「手取り収入の80%で生活する」と考えればできそうだと思いませんか?

もちろん、20%がきつければ、手取り収入の15%や10%でも結構です。自動引き落としを設定することが、着実に資産形成をしていくことにつながるのです。

フリーランスや自営業等で、毎月定期的な収入はないという人もいるでしょう。

そんな方におすすめなのは、投資用の銀行口座を作り、収入があった時にその口座に可能な限りプールする方法です。そして、この口座から毎月の自動引き落としを設定してしまうのです。これにより、投資をしたりしなかったり、といったバラつきを避けることができ、着実に資産形成を実践できます。

毎月、積み立て投資をする金銭的な余裕がないという人も、思い出してください。1章で**「保険の見直し」**をすることによって、**毎月数万円の余裕資金を作ることが可能**とお伝えしましたよね。やろうと思えば、なんとかなるものです。

現在、ある程度投資可能な資金がある人も、毎月の積み立て投資を並行して実践しましょう。スタート時にまとまった資金を投資することと毎月の積み立て投資が、最強の資産形成法です。

6

ステップ3 「配分」を決める――どの資産に投資をするか。

ゴールが決まり、投資する金額が決まれば、次は「何に投資するか」です。

証券投資の中にはさまざまな資産（金融商品）がありますが、投資すべきは、保有しているだけで利益を生む「株式」「債券」「不動産」の3つが基本です。

そして、日本だけでなく、世界にも目を向けて行きます。世界は、大きなくくりとして「先進国」と「新興国」に分けて考えます。

つまり、投資すべきは、**「株式・債券・不動産×日本・先進国・新興国」**で3×3＝9つの資産ということになります。

老後の資産形成は証券投資で行ないますので、不動産は実際の物件ではなく、「REIT（リート）」という不動産に投資する金融商品を通じて行ないます（詳細は5章で説明します）。

この9つの資産は、それぞれどの程度のリスクがあって、どの程度のリターンが期待できるのでしょうか？　次ページの図はそのイメージです。

下の図は、縦軸にリターン、横軸にリスクの度合いを表したものです。上に行けば行くほどリターンは高くなり、右に行けば行くほどリスクも高くなります。

預金は、リスクは低いですが、リターンも低くなります。

株式は、リスクは高くなりますが、リターンも高くなります。

どの「資産の組み合わせ」が最適か？

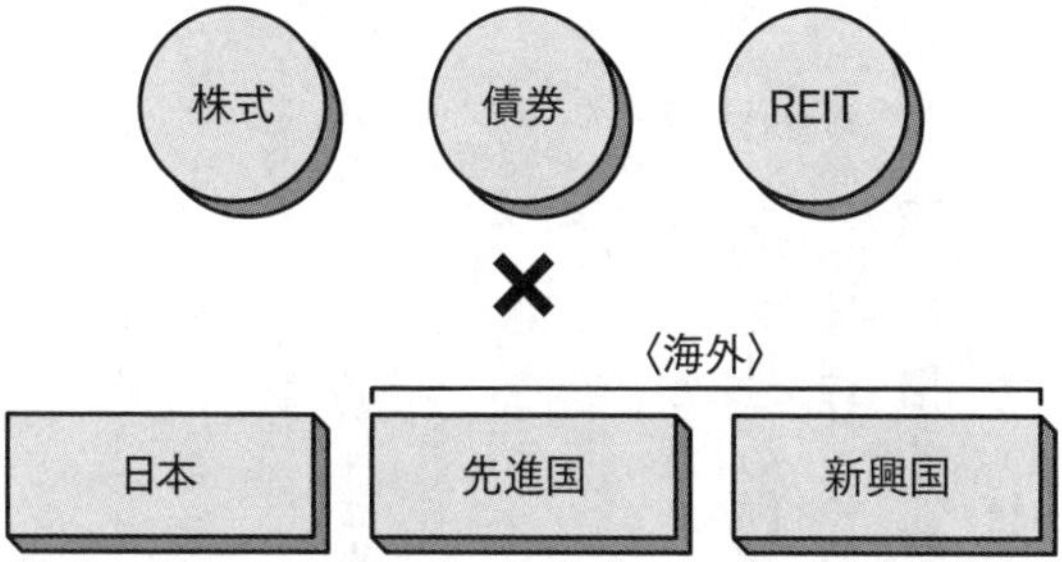

「3つの資産×3つの地域」に振り分ける！

リスクとリターンから考える

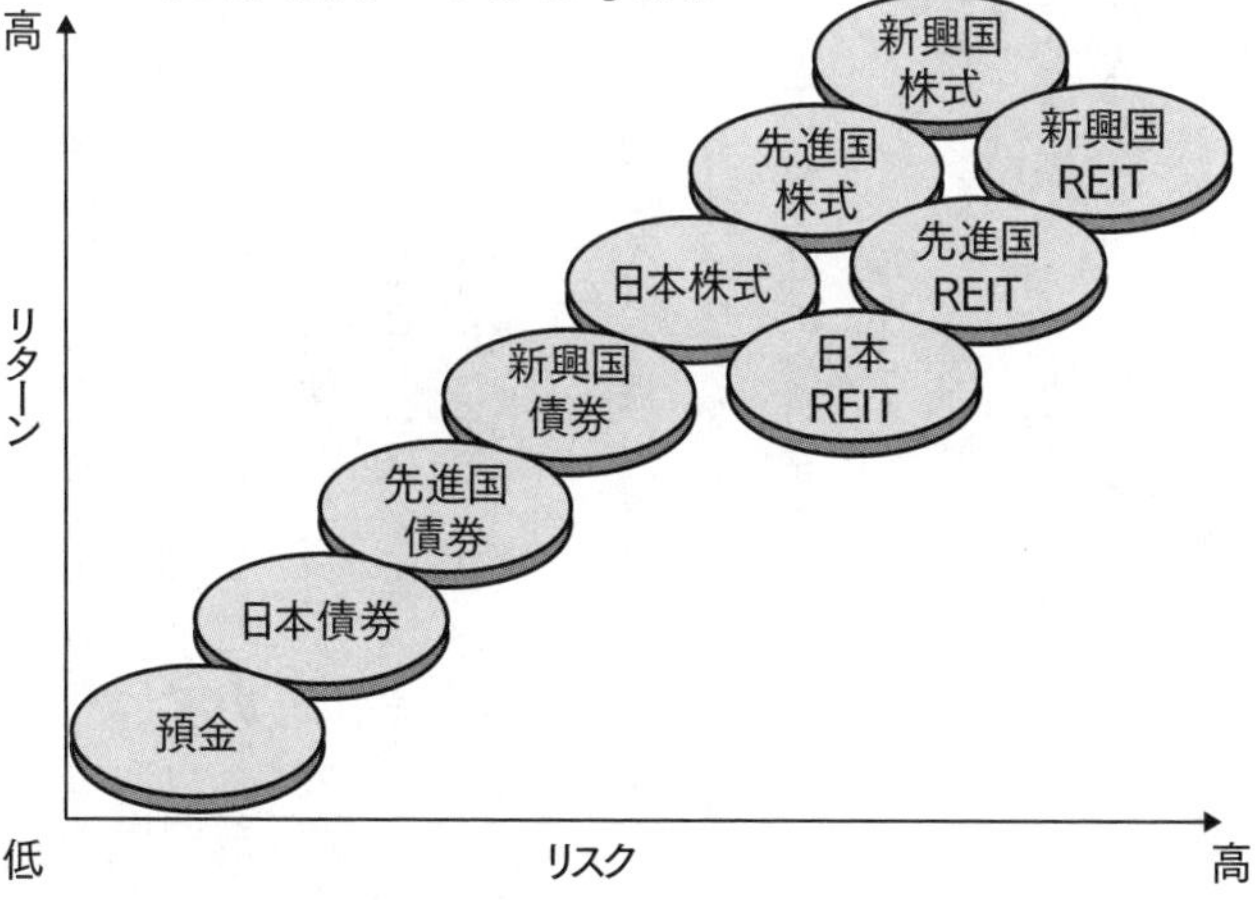

地域別では、日本よりも先進国、先進国よりも新興国のほうがリスクもリターンも高くなります。リターンはリスクを取った対価でもあるので、「リスクが低ければリターンも低い」「高いリターンを期待できるのであれば、リスクも高くなる」のです。

ここでリスクの説明をしておきましょう。リスクとは、「危険」という意味ではありません。資産運用の世界では、**「リターンがバラつく」ことをリスク**と呼びます。「投資の結果は良い時もあれば悪い時もあり、リターンは一定ではない」

これが「リスク」なのです。

リターンのバラつきが小さければリスクが低い（たとえば、良い時はプラス3％、悪ければマイナス2％）、リターンのバラつきが大きければリスクが高い（たとえば、良い時はプラス18％、悪ければマイナス12％）、という意味になります。

ここでもう一度、先ほどの図をご覧ください。

リターンが高い先進国株式に投資をしたいと思っても、先進国株式はリスクも高いです。つまり、「大きく儲かる時もあれば、大きく損する時もある」のです。

そこで、誰もが考えることは、「リスクを抑えながら高いリターンを得たい」ということでしょう。しかし、「リスクが低くてリターンが高い」といった都合のいい資産（金融商品）はありません。「低リスク高リターン」はあり得ないのです。

ただし、**リスクを抑えながらリターンを得る方法**はあります。

それが「現代ポートフォリオ理論」です。現代ポートフォリオ理論は、複数の資産に分散投資することでリスクを抑えながら相応のリターンが得られるとした理論です。ハリー・マーコウィッツ氏が提唱し、１９９０年にノーベル経済学賞を受賞しました。

今では世界の機関投資家や富裕層が活用しています。前述した投資の基本原則②「分散（分散投資）」が、まさにこの理論の実践です。

そして、複数の資産への分散投資、つまり、**どの資産にどれくらい投資するかを決めることを、アセットアロケーション**（**資産配分**）と言います。アセット（Asset）は資産、アロケーション（Allocation）は配分という意味です。

たとえば、公的年金を運用しているＧＰＩＦのアセットアロケーション（ＧＰＩＦでは基本ポートフォリオと呼んでいます）は、国内株式25％、外国株式25％、国内債券25％、外国債券25％を基本としています。

このアセットアロケーション、つまり、どんな資産にどれくらい投資するか——は、とても大切です。**アセットアロケーションで運用成果の80％は決まってしまう**からです。

老後の資産形成のような長期投資の場合、銘柄選択やタイミングの影響より、アセットアロケーションのほうがより重要になるのです。

7 リスク許容度 ——どの程度の損失まで冷静でいられるか？

アセットアロケーションは、個人の「**リスク許容度**」と期待するリターンによって決まってきます。

突然、「リスク許容度」という言葉が出てきましたね。聞きなれない言葉かもしれませんが、字面からなんとなく意味を想像できる人もいるでしょう。

これは、「損失が出た場合に、どの程度までなら気持ち的に耐えられるか」という意味の言葉です。

資産形成の過程ではリーマンショックやコロナショックの時のように、一時的に金融市場が混乱し、株式が暴落するような事態も起こり得ます。自分のリスク許容度を把握しておくことは重要なのです。

リスク許容度は、年齢や家族構成、収入（働き方）、保有している資産と運用資金、性格・考え方・経験等によって変わってきます。

たとえば、年齢が若く、長期間運用できる人のほうがリスク許容度は大きくなりますし、扶養家族がいる人より独身の人のほうがお金の自由度が高いため、リスク許容度も大きい傾向があります。

また、同じ人でも投資金額やライフスタイルが変わればリスク許容度は変わる可能性があります。そのため、誰にでも当てはまる基準はありません。みなさん1人ひとりの状況にあわせてご自身で考えていただきたいのです。

このリスク許容度が大きければ、比較的高いリスクを取って高いリターンを狙うことが可能ですし、リスク許容度が小さければリターンも低い代わりにリスクも低い運用をすることになります。そして、「株式の比率」を調整することで、リスク・リターンの高低をある程度コントロールすることが可能になります。

参考までに、弊社で使用しているリスク許容度に応じたタイプ別運用イメージをご紹介します。また、手軽に自分のリスク許容度をはかることができるサイトをご紹介しますので、ぜひやってみてください。

あなたのリスク許容度診断テスト（全国銀行協会）

https://www.zenginkyo.or.jp/article/tag-c/diagnosis/risktest/

他にもいくつかの質問に答えていくと、自分のリスク許容度に合ったアセットアロケーションを提案してくれるサイトがあります。なかには具体的な商品を提案してくれるサイトや、ロボットアドバイザーを活用した資産運用ができる会社もあります。「リスク許容度」で検索して、いろいろ試してみるといいでしょう。

アセットアロケーションの1つの目安として、「**100－年齢＝株式の比率**」という式がよく知られています。リスク許容度を決める1つの要因である年齢を基準にして、自分に合ったアセットアロケーションにするという考え方です。

たとえば、50歳であれば100－50＝50、つまり運用資金の半分程度を株式に、残り半分をその他の資産に投資するのです。さきほどご紹介したGPIFのアセットアロケーションもちょうど株式（国内株式＋外国株式）の比率は50％でしたね。

最近は平均余命が延びてきていることもあり、「110－年齢＝株式の比率」のほ

リスク許容度に応じたタイプ別運用イメージ

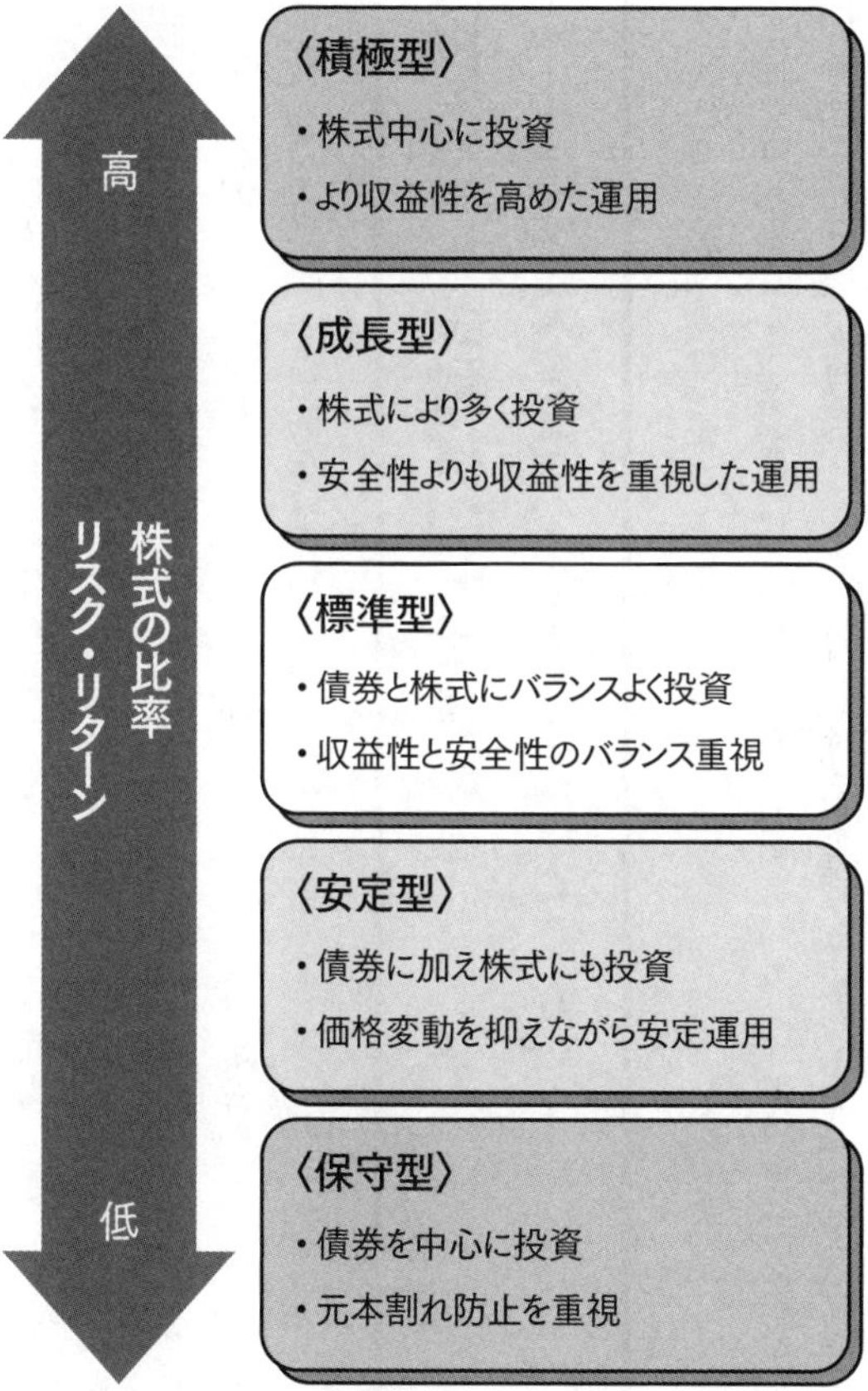

高
株式の比率
リスク・リターン
低
〈積極型〉
・株式中心に投資
・より収益性を高めた運用
〈成長型〉
・株式により多く投資
・安全性よりも収益性を重視した運用
〈標準型〉
・債券と株式にバランスよく投資
・収益性と安全性のバランス重視
〈安定型〉
・債券に加え株式にも投資
・価格変動を抑えながら安定運用
〈保守型〉
・債券を中心に投資
・元本割れ防止を重視

うが良いという考え方もあります。

また、期待するリターンによってもアセットアロケーションは変わってきます。どうしても「1年後までに手元資金を3倍にする」必要がある場合、さまざまな資産に分散してリスクを抑えるアセットアロケーションでは目的は達成できません。高いリスクを取ってでも高いリターンを期待することになりますので、たとえば、「個別株式の集中投資」で目的達成を狙うことになります。

8 ステップ4 「金融機関」を決める
——信頼できるパートナーはどこか。

さて、次は金融機関選びです。

資産形成に活用できる金融機関は、証券会社や銀行のほか、**IFA**（Independent Financial Advisor）があります。ＩＦＡは「**独立系ファイナンシャルアドバイザー**」のことで、大半は「金融商品仲介会社」か「投資助言会社」のどちらかに所属して活

金融機関のメリット、デメリットを理解しよう

		メリット	デメリット
証券会社	対面型	・営業員と相談できる ・電話で注文できる ・商品の品揃えは豊富	・取引手数料が高い ・富裕層以外は手厚いサポートは期待できない
証券会社	ネット型	・商品の品揃えはとても豊富 ・取引手数料はほとんどかからない	・相談ができない ・自分でサイトから発注する手間がかかる
銀行	対面型	・営業員と相談は可能	・取引手数料が高い ・営業員の知識はあまりない ・取り扱い商品は少ない
銀行	ネット型	・取引手数料はほとんどかからない	・相談ができない ・取り扱い商品は少ない
IFA	金融商品仲介会社	・営業員に相談できる ・電話で発注できる ・商品の品揃えは豊富	・取引手数料が高い ・会社や担当者による考え方の違いが大きい
IFA	投資助言会社	・顧客にとって有益なアドバイスが期待できる ・あらゆる商品から選べる	・商品の購入は別途自分でする必要がある ・相談料がかかる

動しています。

金融商品仲介会社は、証券会社と業務委託契約を結んだうえで、顧客へ金融商品の販売や売買仲介をする会社、投資助言会社は、直接顧客に投資の助言をする会社です。近年脚光を浴びていることもあり、のちほどじっくりとご説明します。

また、証券会社と銀行は対面とネットの2つがあります。主な金融機関のメリットとデメリットを前ページの表にまとめましたのでご確認ください。

金融機関によって、金融商品の品揃えや手数料、相談ができるのかできないのか、などの条件は違ってきます。結果的に、資産形成の成果も違ってくるのです。

さらに、個別株式や投資信託は、商品そのものの値段はどの金融機関で購入しても同じです。しかし、購入する時にかかる**手数料は金融機関によって違ってきます**。

おおまかな目安は表にまとめましたが、購入時の手数料が安いのはネット証券です。なお、銀行は投資信託のみの取り扱いですので、個別の株式に投資をしたい人は証券会社かIFAで取引するようにしましょう。

具体的な金融機関の選び方は、その裏側も含めて4章で詳しく解説していきます。

9

ステップ5

「金融商品」を決める——お金が増える商品は何か。

さあ、いよいよ金融商品を選ぶステップです。といっても、金融商品にはさまざまな種類がありますから、それぞれの特徴を理解することから始めましょう。

まずは、主な金融商品の特徴を簡単にまとめてみます。

株　式
・企業が株主から資金を調達し、発行する証書。
・価格変動が大きく、値上がり益が狙える反面、値下がりリスクがある。
・配当金や株主優待がもらえる。

債　券
・国や企業等が投資家からお金を借りる際に発行する借用証書。
・利息と満期時の元本は保証されている。
・満期までの間に売却も可能で、値動きは比較的小さい。

REIT（リート）
・投資家から集めた資金でオフィスビルや住宅、商業施設等に投資する有価証券。
・不動産投資のリターンを手軽に享受できる。
・配当金が比較的多い。

投資信託
・株式や債券、REITなど多種多様な銘柄・資産に投資可能な有価証券。
・運用方針に従ってファンドマネージャーが運用。
・少ない金額から、手軽に分散投資ができる。

同じ種類の金融商品でも個々の商品によって大きく違ってきますし、この表以外にも多種多様な金融商品があります。また、金融商品を選ぶ際には「収益性」「安全性」「流動性」の3つの視点からチェックすることが重要です。

収益性……どの程度、お金を増やすことができそうか。
安全性……元本割れの可能性はあるか、ある場合はどの程度元本が割れるのか。
流動性……いつでも換金できるのか。

金融商品を選ぶ「3つの視点」

収益性	……株式 ＞ REIT ＞ 債券 ＞ 預金
安全性	……預金 ＞ 債券 ＞ REIT ＞ 株式
流動性	……預金 ＞ 株式 ≒ 債券 ≒ REIT

先ほどご紹介した金融商品に預金を含めて3つの視点で比較すると、一般的な傾向としては上図のような関係になります。なお、投資信託は中に組み入れている資産に準じますので、株式に投資する投資信託であれば株式と同等、債券に投資する投資信託であれば債券と同等と考えてください。

流動性は、株式、REITとも、現金化するまで数日かかるものの、市場での売却が可能ですし、債券は購入した証券会社で買い取ってもらえるケースが多いです。

多くの金融商品は、それなりに流動性はあると考えて結構です（くどいようですが、個別の商品によって違います）。ただし、現金化した時に儲かるか損するかは別です。

ここで絶対に知っておいていただきたいことは、「元本は安全で、大きく儲かる商品などけっしてない」ということです。

もう一度、前ページの図をみてください。**収益性と安全性は、真逆**になっていますね。収益性と安全性は両立しません。収益性が高ければ（大きく儲かる可能性があるのであれば）、安全性は低くなります。安全性が高いのであれば、収益性は低くなる（儲けも少ない）のです。

もし、「元本保証で年利回り10％保証」みたいな話があれば「詐欺」を疑ってください。誰が元本を保証しているのか、利益を稼ぐための運用はどうなっているのか等を問いただせば、その話の信ぴょう性がわかるはずです。

収益性と安全性と流動性、すべてを兼ね備えた商品は存在しません。だからこそ、投資する資産や商品を分散することが大切になってくるのです。

具体的な金融商品の選び方やおすすめ金融商品については、5章で詳しく説明していきます。

3章

50歳「経験なし、資金なし」からの資産形成プラン

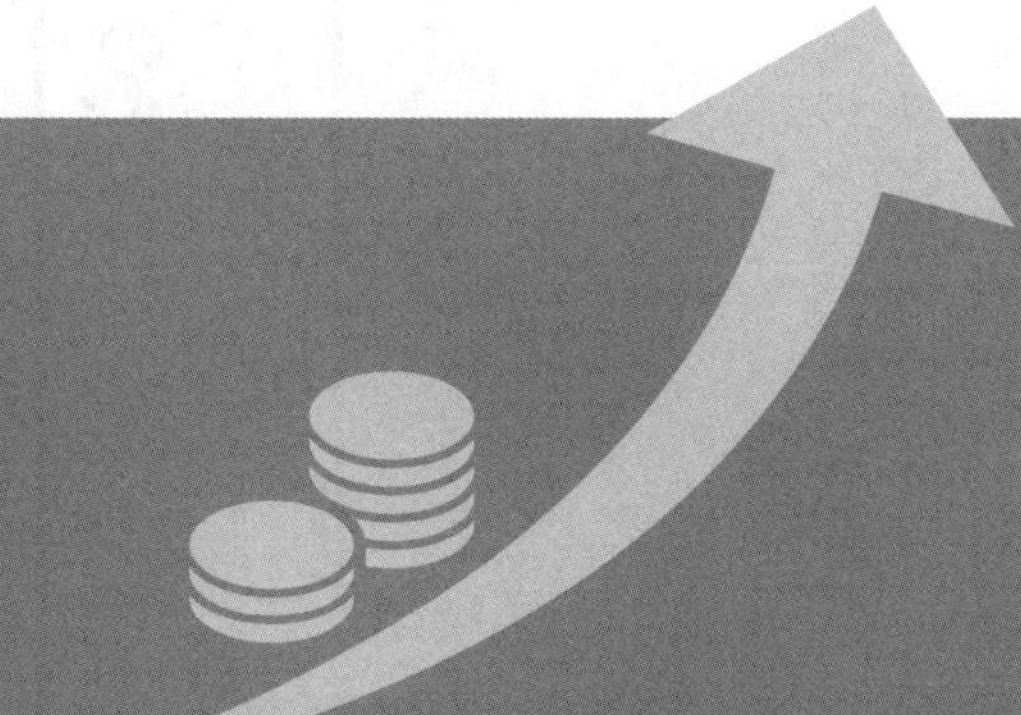

1

「50歳男性、余裕資金なし」の人におすすめの資産形成プラン

老後の資産形成には、金融機関や金融商品を選ぶ前に、やるべきことがあります。

それは、「どの資産にどれくらい配分するか」、つまり、「アセットアロケーション（資産配分）」を決めることです。

思い出してください。老後の資産形成は、「アセットアロケーションで成果の大半が決まってしまう」のでしたよね。

そこで、3章では、50歳から老後の資産形成に取り組むための具体的なアセットアロケーションと、資産形成プランをお伝えしていきましょう。

投資初心者の方にとっては、少々専門的で難しいと思える内容にも触れていきます。でも、**ご安心ください。本書を読み進めていけば、自然と知識が身についていきます。**

ここでは、資産形成プランの概略をざっとつかんでいただければ結構です。

まずは、「50歳男性、投資経験なし、余裕資金なし」という人が、老後の資産形成を始めるケースです。

50歳で投資に回せる余裕資金がなかったとしても、そろそろ老後の資産形成を本気で考えたいところです。なぜなら、資産形成では時間がなにより重要だからです。「ゴールまでに費やせる時間が多ければ多いほど有利になる」――それが資産形成の特徴でもあるのです。

この人の資産形成の目的・ゴールは「老後の生活費として65歳時点で２０００万円を貯める」だとします。プロフィールのイメージは以下の通りです。

プラン① 「全世界株式」に、毎月5万円の積み立て投資

・職業　会社員
・家族　妻（パート勤務）、子ども1人（高校1年生）
・金融資産　預貯金３５０万円
・収入　月額手取り35万円

・世帯収入（妻の収入合算）　月額手取り42万円
・生活費　月額28万円（自分の小遣い等を含め、毎月かかる費用）
・住宅ローン　月額8万円返済（持ち家）
・保険料（生命保険、医療保険、学資保険）　月額3万円

この他に、自宅の固定資産税や火災保険、子どもの夏期講習費用等がかかりますので、ボーナスは臨時の費用や家族旅行でほぼ使い切ってしまいます。

預貯金が350万円ありますが、子どもの大学入学費用に備える必要もあり、投資に回す余裕はありません。

この余裕のないギリギリの状態で資産形成に取り組むとしたら、「毎月の積み立て投資」をしていくことになります。

アセットアロケーションは「株式100%」、しかも、地域は「全世界」への株式投資です。文字通り、日本だけでなく先進国や新興国も含め、世界中の株式（**全世界株式**と言います）に広く投資をしていくのです。

これまでは、「どの資産にどれくらい配分するか」「各人のリスク許容度に応じてア

セットアロケーションを考える」ことが大切だ、とお伝えしてきました。

それなのに、「株式一本やり⁉　矛盾してるじゃないか！」

そう感じている人もいるかもしれません。

でも、投資に充当できる余裕資金のない人にとっては、**「毎月の積立投資」以外、考える必要はありません**。そして、その**投資先は「世界中の株式」一本**で良いのです。

その理由は、以下の3つです。

①、ゼロから始める「積み立て投資」の場合、資産全体に占める投資資金の割合は小さい。
②、毎月の積み立て投資は、ドルコスト平均法を活用することになり、リスクの分散効果がある（ドルコスト平均法については、2章を参照）。
③、株式はリターンが大きく、資産形成に最適な投資先であり、世界中に幅広く投資することで世界の成長を取り込むことができる。

世界中の株式に投資した場合の具体的な数字をお示ししましょう。

米国MSCI社が開発した、「MSCI オール・カントリー・ワールド・インデックス」という指数があります。これは、日本を含む先進国23カ国と新興国24カ国の主要な株式、2800銘柄以上に投資した時の値動きを表す指数で、グローバルに投資する際の最も有名なベンチマークとなっています。

この指数の過去30年間の実績（円ベース・2022年11月時点）は、「年平均リターン8・1％、リスク17・8％」です。

リスクとは「リターンがばらつくこと」だと前にお伝えしましたね。

左の図をご覧ください。リターンは年によって違いますが、多くの場合、8・1％を中心に上振れした25・9％から下振れしたマイナス9・7％の間に収まります。

ここでは、「8・1％を中心に、良い時も悪い時もある」ということをご理解いただければ結構です。

具体的なシミュレーションをしてみましょう。

今後も過去と同じような実績が続く保証はありませんが、仮に毎月5万円の積み立て投資をして、過去の実績と同じリターンとリスクだったと仮定した場合、123ペ

リターンとリスクの関係は？

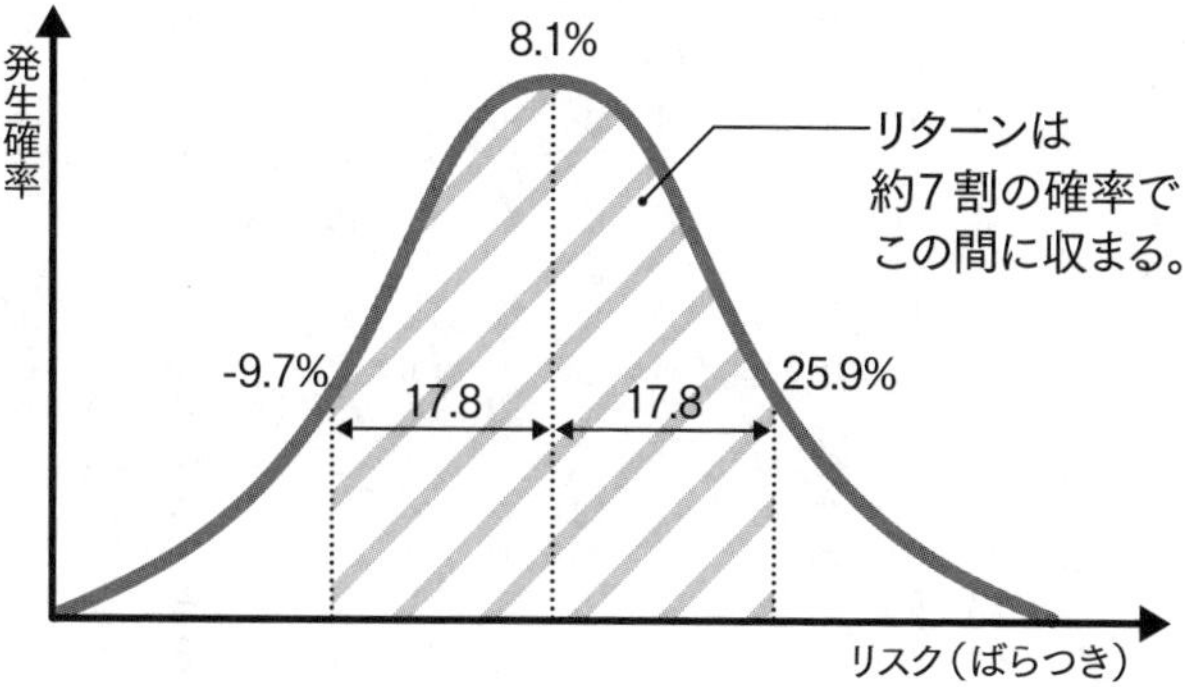

ージの図のようになります。

これは、**「モンテカルロ法」**という手法で、5000回のシミュレーションをした結果をまとめた表です。10年後、15年後、20年後にいくらになっているかを数字で示しました。

5000回のうち、上位10％（上から500番目）、上位30％(上から1500番目)、平均値（上から2500番目)、下位30％(上から3500番目)、下位10％（上から4500番目）の結果を抜き出しています。

いかがでしょうか。毎月5万円を粛々と積み立て投資をしていくだけで、たとえば65歳時点で平均的な成果だとすると

1500万円程度（投資元本は900万円）になることがわかります。

これだけでは2000万円に届きませんが、投資に回していない預貯金を含めれば、**ほぼ当初の目的・ゴールを達成できる**のではないでしょうか。

また、あまり良くない結果、たとえば下位10％目の結果だったとしても、15年後には投資元本を上回っていることになります。

実際には子どもの教育費や転勤等でお金が必要になったり、昇格により収入が増えたりして、毎月の投資金額を変更する場合もあると思います。

そこで、現時点から4年間は月3万円、その後増額して60歳までは月10万円、給料が減る可能性が高い60歳以降は月5万円に減額して積み立て投資をした場合のシミュレーションも紹介しましょう。

125ページの図を見てください。

65歳時点で2000万円前後の資産ができている可能性は十分ありそうですね。

このシミュレーションでは手数料や税金は考慮していませんが、iDeCoやつみたてNISA（6章で詳しく解説します）を活用すれば、最大月8万円以上も非課税での投資が可能です。

50歳、資金ゼロから、「毎月5万円積み立て投資した」場合

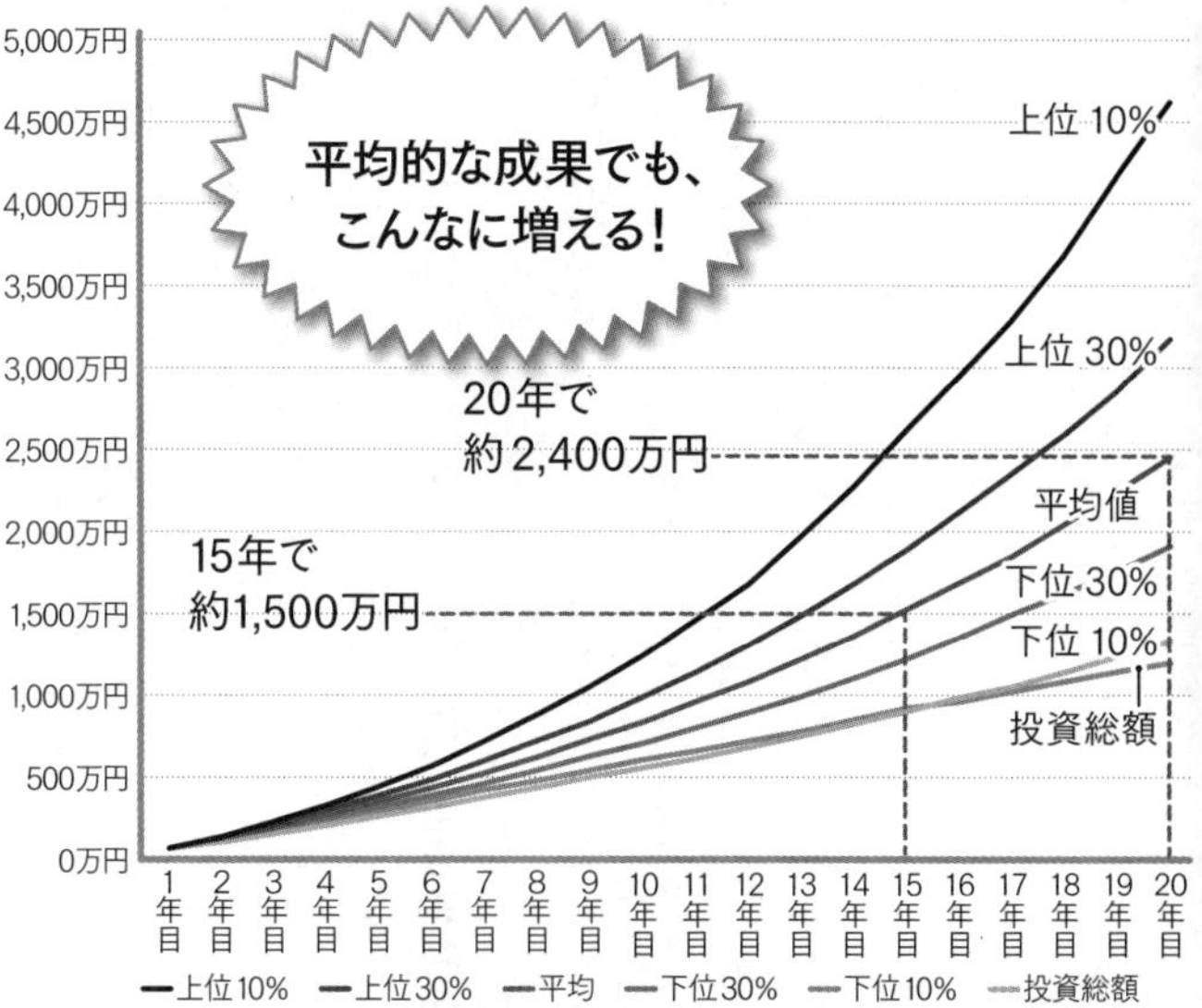

	10年後（60歳）	15年後（65歳）	20年後（70歳）
上位10%	1,239 万円	2,509 万円	4,559 万円
上位30%	978 万円	1,867 万円	3,156 万円
平均値	833 万円	1,506 万円	2,422 万円
下位30%	707 万円	1,224 万円	1,871 万円
下位10%	558 万円	905 万円	1,321 万円
投資総額	600 万円	900 万円	1,200 万円

弊社試算

また、ぜひとも理解していただきたいことは、**資産形成で重要なのは「お金」ではなく、「時間」**だということです。

もう一度、前ページにある「毎月5万円積み立て投資した」場合の表をご覧ください。60歳時点の投資元本は600万円ですが、シミュレーションでは平均的な資産額でも833万円と、すでに233万円も利益が出ています。

「お金ができてから」ではなく、**「すぐに、できる範囲で」**積み立て投資を始めてください。

それが老後の資産形成に最も大切なことです。

このように、「50歳男性、投資経験なし、余裕資金なし」の人におすすめの資産形成プランは、「全世界株式に毎月積み立て投資する」です。

積み立てできる金額は人それぞれですが、可能な限り多いほうがいいです。

「今、できる範囲で」積み立て投資を始めたとして、1章で試算していただいた「あなたに必要な老後資金」を作ることができれば、もう心配は要りませんね。

出費に応じて、毎月の積み立て金額を変更した場合

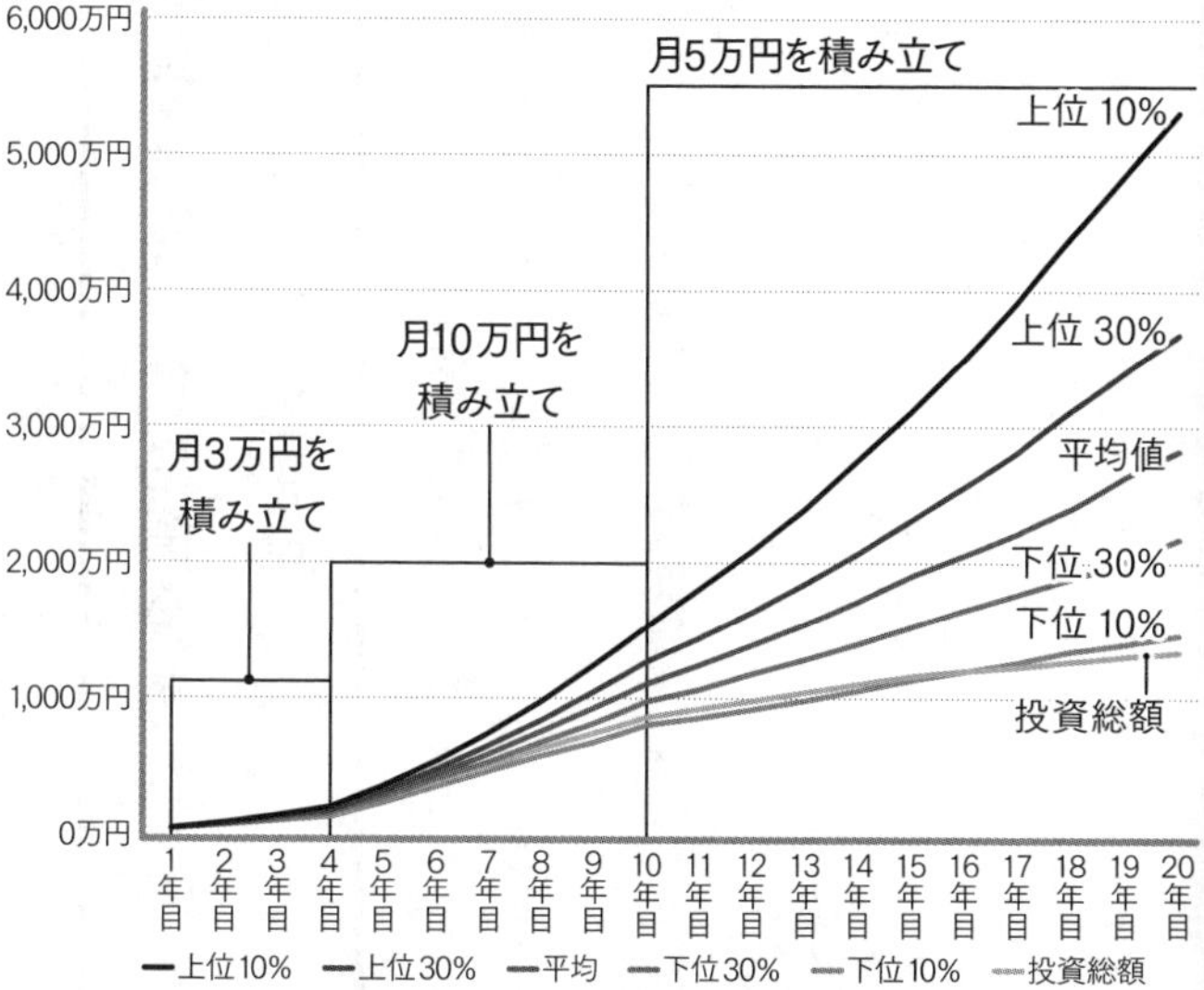

	10年後（60歳）	15年後（65歳）	20年後（70歳）
上位10%	1,535万円	3,120万円	5,312万円
上位30%	1,266万円	2,315万円	3,678万円
平均値	1,113万円	1,900万円	2,824万円
下位30%	976万円	1,536万円	2,178万円
下位10%	804万円	1,136万円	1,463万円
投資総額	864万円	1,164万円	1,344万円

弊社試算

2 「50歳女性、余裕資金あり」の人におすすめの資産形成プラン

次に、スタート時に投資に回せる余裕資金がある人向けのアセットアロケーションと資産形成プランをご紹介します。プロフィールイメージは以下の通りです。

プラン②「60%は株、40%は他の資産」に分散投資

- 職業　会社員
- 家族　夫（会社員）、子ども2人（大学1年生、中学2年生）
- 金融資産（世帯合計）　預貯金650万円
- 収入　月額手取り　23万円
- 世帯収入（夫の給与合算）　月額手取り65万円
- 生活費　月額35万円

・家賃　月額13万円（賃貸マンション）
・保険料（生命保険、医療保険、学資保険）　月額5万円
・駐車場代　月額1万円（自家用車所有）

ずっと共働き、住まいは賃貸、少しずつ貯蓄もしてきたため、世帯合計で650万円の預貯金があります。

2章のステップ2で「投資金額を決める」についてお伝えしました。その考え方にそって、何かあった時の生活費として300万円は安全資産として確保、残りの350万円を当初の投資金額とします。

この人のアセットアロケーションは、2章でご紹介した「年齢を基準にした株式の比率」をベースに考えてみましょう。平均寿命も延びていますので、「110－年齢＝株式の比率」とすると、110－50＝60で**60％を株式に、残り40％をその他の資産に投資**するとします。

株式以外の40％は、先進国債券に25％、日本の不動産（REIT）と先進国の不動産（REIT）、金（ゴールド）にそれぞれ5％ずつ配分しました。このように世界

のさまざまな資産に投資することを「**国際分散投資**」と言います。

「株式・債券・不動産（REIT）×日本・先進国・新興国」のうち、日本の債券と新興国の債券、REITには投資をしていません。

その理由は、2022年11月末時点で、「日本の債券は金利が低すぎてリターンを生まない、新興国の債券およびREITはリスクとリターンが見合わない」と考えているからです。もちろん、将来的に経済や金融情勢が変われればこれらの資産を組み入れることをおすすめすることもあり得ます。

また、突然「金（ゴールド）」が出てきて戸惑われた人もいるかもしれません。

金は「究極の安全資産」とも言われ、世界や市場が混乱し、株式が下落する時には金価格は上がる傾向があります。金を他の資産と組み合わせて持つことで、分散効果が期待でき、資産全体の運用効率を高めることにつながるのです。金も投資信託を通じて投資することが可能です。

このアセットアロケーションの場合、期待できるリターンは年6・4％、リスクは13・4％となります（いずれも弊社想定の経済情勢による計算）。

この人は、当初350万円の投資資金を用意し、さらに毎月5万円の積み立て投資

どの資産に、どれくらい投資する？

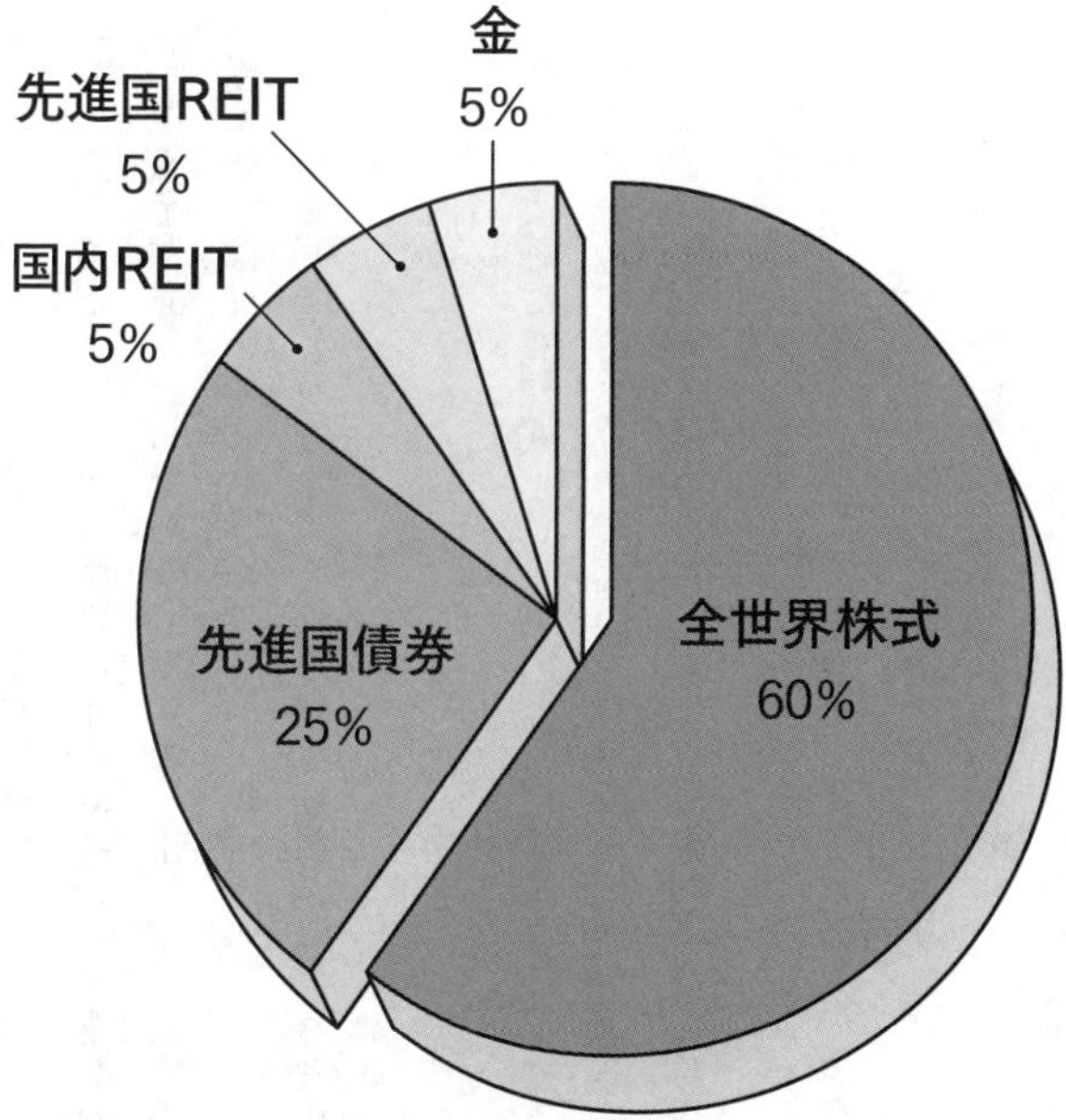

**「アセットアロケーション」で
成果の80%が決まる！**

をしたとして、シミュレーションをしてみましょう。

次ページの図を見てください。65歳時点の平均的な結果で2000万円を超えてきましたね。もし退職金があるとしたら安心ですね。まして、**ご夫婦とも退職金があるとしたら、相当安泰**ではないでしょうか。

リタイア後に望む人生によっては、これでは足りない場合も考えられます。その場合の対応方法は2つです。

1つは、「より高いリターンが期待できる」アセットアロケーションにすることです。たとえば、前項のように、株式100%の配分にするようなことです。

さまざまな資産に分散するよりも、高いリターンが期待できる（一方で、リスクも高くなります）株式に集中するほうが、うまくいった場合はより資産が増えている可能性が高まります。

もう1つは、「投資する金額を増やす」方法です。この人の場合、スタート時の金額を増やすことも考えられますが、一定の預貯金は確保しておくべきです。

そこで、毎月の積み立て投資額を可能な範囲で増やすことをおすすめします。

「スタート時の投資資金＋毎月の積み立て投資」が最強の資産形成です。

50歳、「最初の資金350万円＋毎月5万円積み立て」の場合

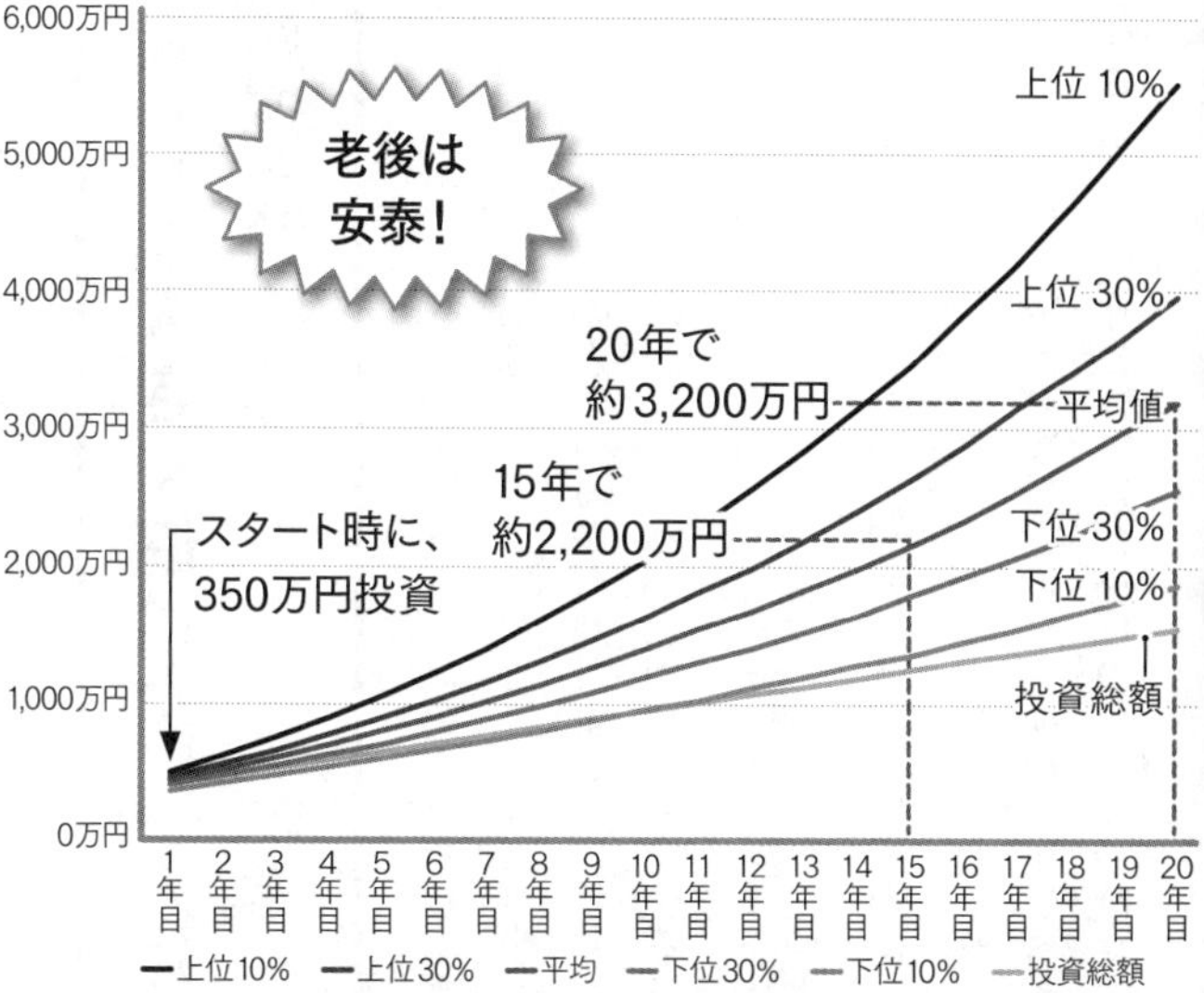

	10年後（60歳）	15年後（65歳）	20年後（70歳）
上位10%	2,018 万円	3,439 万円	5,493 万円
上位30%	1.627 万円	2,631 万円	4,022 万円
平均値	1,390 万円	2,180 万円	3,207 万円
下位30%	1,187 万円	1,800 万円	2,556 万円
下位10%	939 万円	1,367 万円	1,892 万円
投資総額	950 万円	1,250 万円	1,550 万円

弊社試算

3 50歳から「大きく儲けたい」人におすすめの資産形成プラン

さて、ここまで2人の資産形成プランをご紹介してきました。

ただ、「もっと早く資産形成したい」とか、「もう少しリスクを取ってでも、大きく儲けたい」とお考えの人もいるかもしれません。

そのような人向けに、ここでは50歳からでもできる「応用編」の資産形成プランを2つご紹介しましょう。

応用編①「国際分散投資＋個別株式投資」の合わせワザ

このプランを検討できる人は、投資可能な余裕資金のある人になります。

考え方はシンプルです。まず、投資可能な資金をメインとサブの2つに分けます。

メインの資金は「国際分散投資と毎月の積み立て投資」に配分し、リスク分散をはか

リスクを分散させて、賢くお金を増やす！

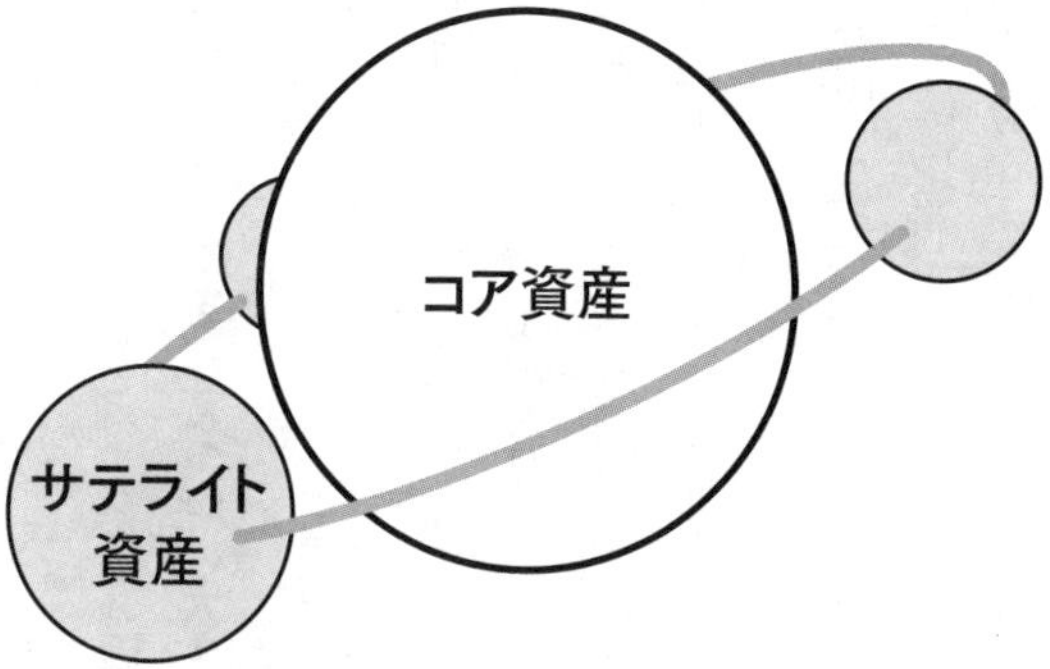

コア資産で、堅実な投資をする。

りながら長期投資を行ないます。サブの資金は、「個別株式投資」に配分し、短中期で大きな利益を狙う、というものです。

このように、メインとなる投資とサブとなる投資を分けて行なうことを「**コア・サテライト戦略**」と言います。

さまざまな資産に分散投資を行ないつつ、積み立て投資も並行していく方法は、リスクを軽減しながら資産形成をしていくのに適しています。ただ、短期間で大きく増やすことは難しくなります。

一方、個別株式への投資は、大きな損失が出る可能性はありますが、うまくいけば大きく儲かる可能性もあります。

そこで、メインとなる「国際分散投資＋積み立て投資（コア戦略）」と、サブの「個別株式投資（サテライト戦略）」に分けることで、大切な老後資金をしっかり確保しつつ、大きく儲けるチャンスも確保するのです。

「ある程度リスクを抑えつつ、大きな利益も狙える」バランスのいい資産形成プランと言えます。

資金の配分は、メインのコア戦略に70～80％を割き、サブのサテライト戦略は20～30％程度に抑えておくといいでしょう。

ある程度余裕資金があり、「早く、大きく」儲けたい人や、株式投資も楽しみたい人は、ぜひ検討してみてください。なお、投資初心者の人が、有望な個別株式を見つける方法については5章でお伝えします。

応用編②「証券投資と不動産投資」の合わせワザ

このプランは、もっとアグレッシブに資産形成したい人向けの資産形成プランです。

2章でお伝えしたように、主な投資対象の資産の1つに不動産があります。不動産への投資は小額から手軽にできる証券投資がおすすめですが、現物の不動産に投資していくことももちろん可能です。

個人が行なう不動産投資は、賃貸用のマンションやアパートへの投資が一般的です。

そこで、証券投資と賃貸用マンションやアパートなどの不動産投資を併用する、「証券投資と不動産投資」を組み合わせた資産形成プランをご紹介しましょう。

このプランを検討できる人は、投資可能な余裕資金があり、大企業や信用力のある企業の会社員や公務員の方に限定されます。その理由は、不動産を購入するには**相応の頭金が必要**になるのに加え、金融機関の審査で**借りる人の属性もチェックされる**からです。

証券投資と不動産投資を組み合わせた資産形成プランは、それぞれの**メリットとデメリットを補い合う**形になります。

証券投資は、「少額からできる」「いつでも換金できる」といったことがメリットです。反面、手持ち資金の範囲内で投資するのが一般的ですので、富裕層でもない限り多額の投資はできません。

一方、不動産投資のメリット・デメリットは次のようになります。

◎不動産投資の「メリット」
・安定的なキャッシュフロー（家賃収入）が期待できる。
・借入金を活用できる。
・相続時の節税ができる。

◎不動産投資の「デメリット」
・物件ごとの個別性が高く、当たりはずれが大きい。
・メンテナンス（設備の修理やリフォーム等）に手間と費用がかかる。
・すぐには換金できない。

人によっては、所有する満足感が得られるというメリットもあるでしょう。

一方で、地震や火事のリスクがつきまといますし、複数の物件に分散投資をすることが難しいというデメリットを感じる人もいるでしょう。

それでも、不動産投資には、証券投資にはない大きなメリットがあります。

それは、「**借入金を活用できる**」ということ。

借入金を活用することで、**手持ちの資金よりもはるかに多額の投資が可能**になり、大きなリターンを狙うことができるようになります。ただし、投資用の不動産ローンの金利は居住用の住宅ローンより高くなるのが一般的です。

不動産投資を検討する際には、なんといっても「価格」が重要になります。その価格で購入したとして、想定される家賃収入と借入金返済で採算は合うのか、将来売却する際に値上がりが見込めるのか、値下がりのリスクはどうなのか、を的確に判断する必要があります。

さらに、空室になった場合にすぐに入居希望者は見つかるのか、管理は自分でするのか、管理会社に任せるのか、などなど検討すべき点は多岐に渡ります。

また、借りる人の身になって考えればわかりますが、駅やスーパーは近いか、子育て世代が主要な借り手であれば、学区や治安も重要なチェックポイントになります。立地や間取り、築年数やグレードによって、価格も期待できるリターンもまったく違ってくるのです。

つまり、**不動産投資は「目利き力」が必須**だということです。相当勉強と経験が必要だと思ってください。

制約もあり、難易度の高い不動産投資ですが、証券投資と組み合わせることで老後の資産形成は有利になります。

たとえば、借入金を活用して賃貸マンションに投資、そこから得られる賃料収入から借入金を返済しても残額があれば、毎月の積み立て投資に回して資産形成をスピードアップすることが可能になるでしょう。また、物件価格が上がれば売却益を確保することも可能です。

「証券投資と不動産投資」を組み合わせた資産形成プランは、投資可能な余裕資金があり、借入金の活用が可能な人が対象です。さらに、勉強熱心な人に限って可能な方法だということを覚えておいてください。

4章

60代からの不安がなくなる「金融機関」の選び方

1 品揃え、手数料、相談……「最高のパートナー」を選ぶ法

この章では、これから老後の資産形成を始めるあなたが選ぶべき金融機関はどこか、その理由も含めて詳しくお伝えしていきます。業界の裏事情についても触れますので、信頼できるパートナー選びの参考にしてください。

そもそも、大切なお金を預ける金融機関は、本当に安全で信頼できるのか？

なかには、そのような疑問をお持ちの人もいるかもしれません。

結論から言うと、あまり心配する必要はありません。

証券投資の場合、投資した金融商品そのもののリスクはありますが、購入した金融機関が倒産したとしても、**購入した商品までなくなってしまうことはない**からです。

投資信託や株式などの金融商品を購入した場合、商品そのものは買った証券会社等の金融機関に預けておくことになりますが、顧客の資産と自社（自行）の資産とは分

けて保管する「分別管理」が法令で義務付けられています。

さらに、実際には投資信託は信託銀行、株式等は証券保管振替機構（日本で唯一の証券保管・振替を行なう機関）で管理されているので安全です。それでも万が一、何らかの事情で顧客への返還に支障をきたした場合に備えて、**1顧客当たり1000万円まで補償**する「投資者保護基金」という制度があります。

いわば、二重のセーフティネットで守られていますので、取引している証券会社等が倒産した場合でも、預けた商品が返ってこないことはありません。

もし倒産した場合は、商品は他の証券会社等に預け直すことになります。

ちなみに、銀行の「預金」は投資信託や株式等とは違います。私たちが銀行に預けている預金は、銀行にとっては「負債」です。銀行は私たちから預金として集めた（借りた）お金を元手に融資をしているのです。

だから万が一、銀行が倒産すると、預金者（お金を借りた人）にお金を返せない可能性が出てきます。そんな事態になれば、取り付け騒ぎ等で社会が大混乱に陥るかもしれません。

そこで、「預金保険制度」というセーフティネットが整備されていて、当座預金等は全額保護、定期預金や普通預金等は、預金者1人当たり、1金融機関ごとに1000万円までが保護されているのです。

さて、少々前振りが長くなりましたが、金融機関を選ぶポイントは、主に3つあります。

①、品揃えは十分か。

②、手数料は安い（適正）か。

③、安心して相談ができるか。

この3点について、各金融機関の評価を次ページの図にまとめてみました。

対面型の証券会社や銀行もネット専用で手数料の安いコースを設けていますが、この表ではメインの対面取引を対象として記載しています。

金融機関の選び方は、「プロに相談をしたいのか」「自分1人でもOKなのか」によってだいぶ変わります。もし、相談が不要であればあれこれ考える必要はありません。

「ネット型証券会社」一択です。

金融機関は「3つの基準」で選ぼう

		品揃え	手数料	相談
証券会社	対面型	良い	高い	できる
	ネット型	とても良い	とても安い	できない
銀行	対面型	良くない	高い	できる
	ネット型	あまり良くない	安い	できない
IFA	金融商品仲介会社	とても良い	高い	できる
	投資助言会社	とても良い※	相談料がかかる	できる

※投資助言会社は助言範囲の有価証券はすべて対象。

ネット型証券会社（以下、ネット証券）は、**品揃えが豊富**で、購入する際の**手数料がとても安い**です。自分で考え、判断し、商品の売買注文も自分で手続きしなければなりませんが、資産形成のパートナーとしても最適です。

また、**「スタート時に余裕資金がなく、ゼロから積み立て投資を始める人」も、ネット証券を利用しましょう**。3章でお伝えしたように、当面「全世界株式」の積み立て投資を粛々と続けていくことになります。積み立て金額と購入する商品を一度設定してしまえば、あとは毎月自動で購入してくれます。

ネット証券の活用には多少のネットリ

テラシーは必要ですが、ネットバンキングを利用している人であればまったく心配ありません。また、普段からアマゾンや楽天市場で買い物している人も、慣れれば問題なく活用できるでしょう。

2 ネット証券は「SBI証券」か「楽天証券」がおすすめ!

一口にネット証券といっても、国内に10社以上はあります。そのなかで、私がおすすめするのは、「**SBI証券**」か「**楽天証券**」です。

この2社以外にも、米国株式の取扱銘柄が豊富なマネックス証券、50万円までの株式取引手数料はいつでも無料の松井証券など、特色のある証券会社があります。

ただ、50歳の人が老後の資産形成をしていくうえでは、以下のような理由からSBI証券か楽天証券がおすすめなのです。

・資産形成のメインとなる投資信託の品揃えは両社とも2600本以上と抜群。
・投資信託を購入する時の手数料は無料。
・国内株式の取引手数料も十分に安い。
・外国株式の取り扱い銘柄は必要十分であり、取引手数料も安い。
・グループのネット銀行と連携することで利便性がアップする。
・投資信託の積み立てがクレジットカードで決済できる。
・取引や残高に応じてポイントが貯まる。

投資信託の取り扱い銘柄数は、対面型証券会社の最大手、野村證券は約990本、みずほ証券だと約331本ですから、**SBI証券と楽天証券の品揃えは圧倒的**です。

また、国内株式の**取引手数料は両社とも数百円程度**ですし、一定額までは無料のコースもあります。国内株式取引手数料は今後もさらに安くなっていく可能性が高いです。

SBI証券と楽天証券の他のメリットもお伝えしましょう。

◎グループのネット銀行と連携できる

SBI証券は住信SBIネット銀行、楽天証券は楽天銀行がグループのネット銀行になります。両社とも、証券口座と銀行口座の連携手続きをしておけば、証券口座で商品を購入した時の購入代金を銀行口座から自動スイープにより決済してくれます。手数料もかかりません。銀行口座に入金しておけば、いちいち振り込む**手間もなくコストもかからない**、こんな便利な仕組みを使わない手はありません。

さらに、連携手続きをしておくことで銀行口座の預金金利も優遇されます。2022年11月末日現在、住信SBIネット銀行は0・01%、楽天銀行は0・1%（300万円以下）と、一般的な銀行預金よりは有利な金利となります。

◎クレジットカードでの積み立てができる

SBI証券と楽天証券は、毎月の積み立て投資をクレジットカードで決済することが可能です。いずれも月額5万円が上限ですが、クレジットカード決済にすることで**ポイントを獲得できるので、その分お得**になります。

SBI証券は三井住友カード決済でVポイントが、楽天証券は楽天カード決済にすることで楽天ポイントが貯まります。

◎ポイントが貯まる

ＳＢＩ証券も楽天証券も、国内外の株式取引手数料や保有している投資信託の残高に応じて**ポイントがもらえる**サービスがあります。

ＳＢＩ証券は、Ｔポイント、ｄポイント、ＪＡＬのマイルが貯まります。楽天証券は楽天ポイントが貯まります。また、両社とも貯まったポイントで投資信託を購入することもできます。

ＳＢＩ証券と楽天証券のうちどちらを選ぶかですが、手数料やポイント還元率のわずかな差に着目して選ぶよりも、自分がよく使う経済圏で選ぶのがいいでしょう。

たとえば、普段から楽天カードや楽天市場を利用するのであれば、楽天証券と楽天銀行を利用することで効率よく楽天ポイントを貯めることができます。それ以外にも、アプリやサイトの使い勝手や好みで選んでもいいと思います。

ちなみに、私は2社とも利用しています。それぞれのネット銀行も連携させています。ＳＢＩ証券では個別株式を、楽天証券では投資信託の積み立てで利用していて、ポイントはできるだけ楽天ポイントが貯まるようにしています。

商品の品揃えや手数料の安さは甲乙つけがたいですが、個人的には楽天証券のほうがスマホで使いやすいと感じています。

ネット証券は、ＳＢＩ証券か楽天証券を選んでおけば間違いないでしょう。

3 プロの助言がほしい人は「ＩＦＡ」を選ぼう

プロに相談しながら資産形成をしていきたい場合は、銀行、対面型証券会社、ＩＦＡから選ぶことになります。

この場合、「金融機関を選ぶ＝資産形成のパートナーを選ぶ」ということですから、とても重要になります。

前述の通り、金融機関によって取扱商品は違いますし、担当者によっても推奨する金融商品は変わってきます。必然的に資産形成の結果も違ってしまいます。そこで、この項では選ぶべき金融機関とその理由を説明します。

これから資産形成に取り組むあなたが、一番安心できそうなのは銀行でしょうか。しかし、結論から言うと、**銀行はおすすめできません**。なぜなら、「品揃えが良くない」からです。銀行は取扱商品が少なく、選択肢が限られます。

そもそも、銀行は個別の株式を取り扱うことができません。また、一般論ですが、銀行員は資産形成や投資に関する知識や経験はあまりありません。資産形成のパートナーとして銀行を選ぶのはやめておきましょう。

そこで、対面型証券会社かＩＦＡから選ぶことになりますが、**対面型証券会社も避けたほうがいい**でしょう。理由は以下の通りです。

対面型証券会社、特に大手証券の営業員は、相応に資金がある人には積極的にアプローチしますが、そうでなければ相手にしません。なぜなら、あまり資金のない顧客は「手数料が稼げないから」です。

証券会社の営業員は、「金融商品を販売して販売手数料を挙げる、あるいは売買してもらって売買手数料を稼ぐ」ことが役割です。資金があまりない顧客には商品提案やフォローが薄くなるのも仕方ありません。

そもそもあまり資金のない顧客には決まった営業担当者がつかない場合も多いのです。その場合、コールセンターに電話することで相談は可能ですが、定型的な話になりがちですし、「ワンオブゼム」ですので**自分に合ったアドバイスがもらえる可能性は低い**でしょう。

また、中堅以下の対面型証券会社は、特徴ある会社が多くなります。たとえば、国内の株式に特化した地域密着の会社、中国や東南アジア地域の個別株式に強い会社、富裕層向けの特殊な商品だけを扱っている会社などです。

このような会社の場合、多くはベテランの個人投資家を対象にしていますし、営業担当者もベテランが多くなります。そのため、長期的な資産形成ではなく、短期的な利益を追求するための提案をしてくるケースが多く、これから資産形成を始めるみなさんには合わないのです。

では、IFAはどうでしょうか?

IFAとは、Independent Financial Advisor、つまり「独立系ファイナンシャル

アドバイザー」のことです。

金融商品仲介会社や投資助言会社をＩＦＡと呼ぶケースもありますが、ここでは、**金融商品仲介会社に所属して活動するアドバイザーと投資助言会社に所属して活動するアドバイザーをＩＦＡと定義**して話をします。

ＩＦＡは、「お客様のためになる営業活動をしたい」という想いから、証券会社を辞めて独立起業、あるいは転職した人が多いです。「独立・中立の立場からの資産形成・資産運用アドバイスをする」「長期的に顧客に寄り添う」ことを重視する傾向が強く、従来の対面型証券会社とは一線を画していることから、近年、存在感が高まってきています。

ＩＦＡが所属する金融商品仲介会社と投資助言会社のビジネスモデルについて、簡単に触れておきましょう。

金融商品仲介会社は、証券会社と提携し、その証券会社が取り扱う商品を顧客に提案、購入や売買の取次ぎを行ないます。その際、顧客が証券会社に支払う販売手数料や売買手数料の一部が還元され、収益源となります。ネット証券と提携するケースが多いので、品揃えは豊富と言えます。

一方、投資助言会社は、その名の通り「投資の助言を行なう」ことが役割です。顧客に金融商品の価値分析と投資判断を提供し、その対価として助言報酬を受け取るビジネスモデルです。助言する金融商品の種類は会社によって違いますが、ある意味最も品揃えは豊富であると言えます。

どちらにしても担当者の異動は原則ありません。従来型の証券会社も含めて表にまとめていますのでご確認ください。

金融商品仲介会社は金融商品仲介業、投資助言会社は投資助言・代理業、いずれも所定の審査を経て内閣総理大臣から登録を受ける必要があります。規模は小さくともコンプライアンス面も含め一定の態勢は整えています。登録を受けた会社は金融庁のホームページで確認することができますので、事前にチェックしてみてください。

相談しながら資産形成していきたい人には、**金融商品仲介会社か投資助言会社のIFAをおすすめします**。ただし、会社やIFAによって営業方針や考え方は相当違います。この後、さらに詳しくお伝えしますので、よく理解したうえで選ぶようにしましょう。

また、なかには、FP（ファイナンシャルプランナー）に相談したいという人もい

あなたに合った金融機関はどれ？

	証券会社	金融商品仲介会社	投資助言会社
ビジネスモデル	金融商品の販売	金融商品の仲介	顧客へ助言
収益源	販売手数料・売買手数料		助言報酬
商品選定の視点	会社の方針	IFA個人の考え	価値の分析による
営業員	数年で異動	異動なし	異動なし

るかもしれません。

しかし、ＦＰはアセットアロケーション（資産配分）のアドバイスは可能ですが、個別の金融商品をアドバイスすることはできません。業として（つまりお金をもらって）金融商品のアドバイスをするには、「投資助言・代理業」の登録を受ける必要があるのです。

ライフプランや家計の見直しはＦＰへの相談が有益な場合もありますが、ＦＰがどこで利益を得ているのかを確認するようにしましょう。相談自体は無料で行ない、保険を販売して利益を得ている場合も多いです。保険の勧誘には注意しましょう。

4

証券会社の営業員は「投資のプロ」ではない。では何？

あなたは、証券会社の営業員を「投資のプロ」だと思っていませんか？

残念ながら、違います。

証券会社の営業員は、**投資のプロではなく、「金融商品販売のプロ」**なのです。

証券会社の支店長でもあった私が言うのですから、間違いありません。

大手証券やそれに準ずる証券会社が注力する金融商品は、投資信託や国内外の債券、外国株式等になります。

証券会社の営業店の収益源は、「商品を販売して得る販売手数料や売買手数料」です。金融や投資に関して一通りの勉強はしますが、会社が営業員に重点的に教えるのは「会社が選定した商品」や「販売せねばならない商品」の売り方、つまり、セールストークについてなのです。

営業員は投資のアドバイスをするのではなく、「金融商品を販売する」ことが役割の金融商品販売員と考えていただければ、わかりやすいと思います。

営業店では、営業員1人ひとりに「目標」が与えられます。目標と言えば聞こえがいいですが、昔風に言うと「ノルマ」です。

商品ごとの販売目標金額や月間の手数料目標を割り振ります。**与えられた目標数字は「必達」**です。もし未達であれば、同じ課の他のメンバーがカバーしなければなりません。課としての数字が未達であれば、支店の他の課や部署が穴埋めしなければならないのです。

そこで、営業員は「会社から指示された商品」を必死で販売します。会社が指示する商品、つまり、販売手数料が高くて会社が儲かる商品や、販売せねばならない商品はたくさんあります。目標をこなすことだけで精一杯、販売した後のフォローまで手が回らないことも往々にしてあります。

営業員は、販売しても手数料が得られない商品は販売しませんし、手数料の低い商品を販売するインセンティブは働きません。1人ひとりの顧客のことを深く理解し、ニーズやタイミングを熟慮したうえで商品を選定、提案するのではなく、**「販売すべき商品ありき」「手数料ありき」で顧客に接触している**のです。

さらに、営業員は1人で数百人もの顧客を担当します。当然、資金力のある顧客のほうがより大きな金額での販売が見込め、得られる手数料も多くなります。勢い、多額の資金を運用してくれる富裕層への接触を増やし、フォローも手厚くすることになります。

営業員が目標を達成するためには、あまり資金のない顧客を相手にしている時間はないのです。

また、営業員は定期的に異動します。銀行も同じですが、お金を扱う仕事であり、あまり長く同じ部署にいると「不正」や「癒着」を起こしかねないというのがその理由です。会社によっても違いますが、3~5年くらいで転勤になる場合が多く、顧客と長期的に向き合うことが難しいという現実もあります。

ネガティブなことばかり書いていますが、営業員が悪いわけではなく、みんな会社員として自分の責務を果たそうと必死に頑張っています。顧客にも「儲けてもらいたい」と思っています。

ただ、**1人ひとりに合った金融商品を提案、販売することは困難**なのです。まして、「投資資金がさほど多くない人」にはです。

現場の営業員は、会社員としての責務と顧客の利益のジレンマを抱え、悶々としている人が多いのが実情です。実際、私が証券会社にいた頃は、新卒で入社した社員は5年経つと6割くらいが辞めていました。営業が厳しいという理由もありますが、それ以上に仕事のやり方や意義に疑問を感じて辞めていった社員が多かったです。

おわかりいただけたでしょうか。これから資産形成を始めるあなたにとって、対面型証券会社はふさわしいパートナーとは言えません。

よほど余裕資金のある人であれば、証券会社の営業員が積極的にアプローチしてくると思いますが、それはそれであまり歓迎できません。なぜなら、営業員が提案してくる商品は、証券会社が儲かる手数料の高い商品や、販売しなければならない商品であることが多いからです。

5 「顧客の利益を最優先に考える」IFAの探し方

プロに相談しながら資産形成をしたい人は、IFAがおすすめであること、IFAは金融商品仲介会社か投資助言会社に所属していて、それぞれビジネスモデルが違うことをお伝えしました。

この項では、さらに踏み込んで説明しますので、パートナー選びの参考にしてください。

まずは金融商品仲介会社についてです。左の図をご覧ください。

金融商品仲介会社は、証券会社と提携契約を結び、商品提供を受けます。金融商品仲介会社に所属するIFAは、提携している証券会社の商品ラインアップの中から顧客へ商品提案、販売を行ないます。顧客はIFAの提案に納得すれば、購

IFAを利用する際の仕組みを理解しよう

仲介会社を経由した商品販売の仕組み

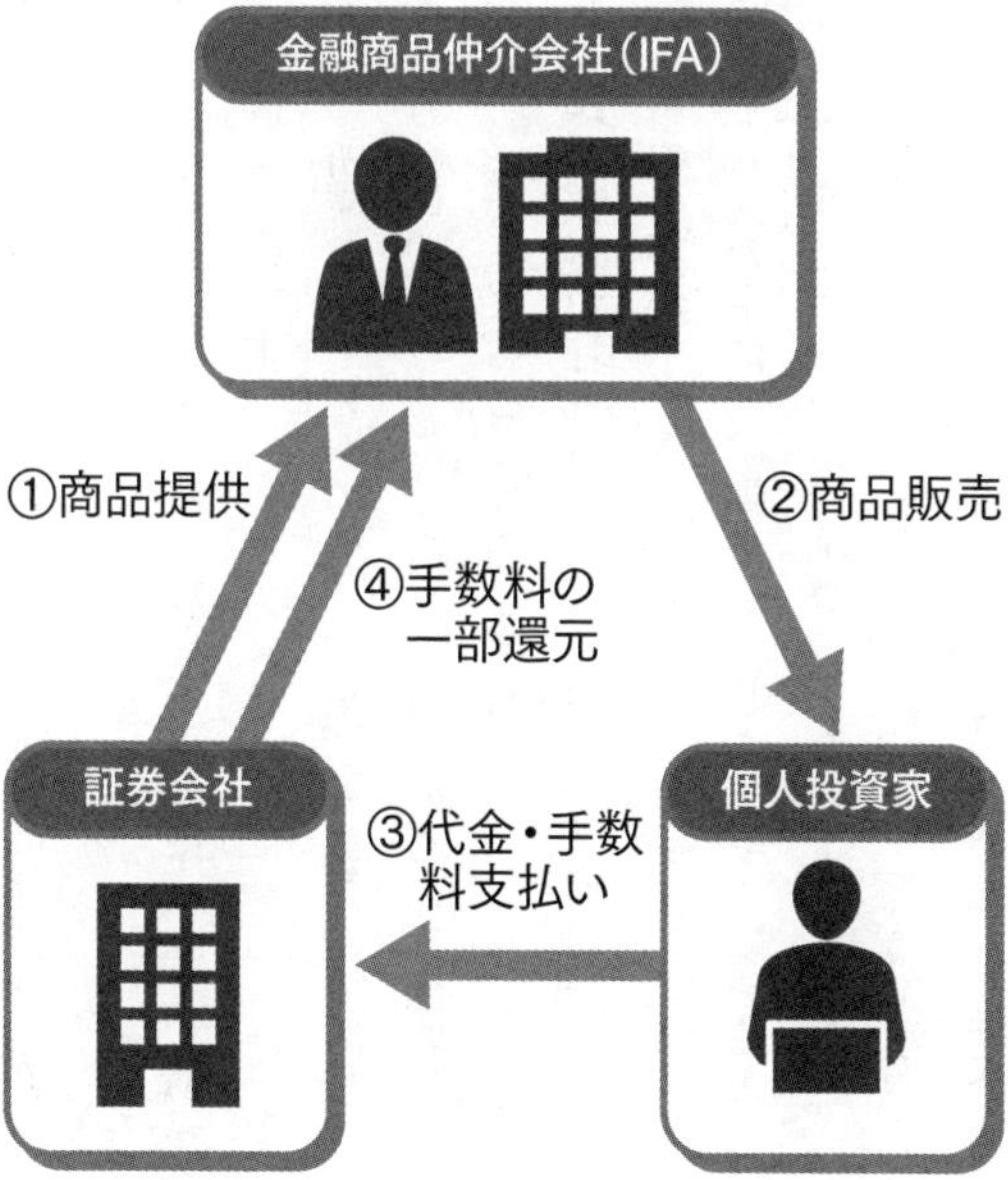

入、売却の意思を伝え、IFAが提携する証券会社に注文を取り次ぎます。証券会社は顧客から得た販売手数料や売買手数料の一部を金融商品仲介会社へ還元する仕組みです。

金融商品仲介会社は、SBI証券、楽天証券、東海東京証券、あかつき証券、PWM日本証券などと提携しています。

金融商品仲介会社に所属する**IFAの多くは業務委託契約であり、個人事業主**です。したがって、会社の方針に縛られることなく、自分の考えで顧客に商品提案が可能ですし、勤務時間や場所に縛られることもありません。

業務委託のIFAは、顧客が証券会社に支払った手数料の一部が金融商品仲介会社に還元され、そのうちの一部がIFAの収入となります。

また、業務委託のIFAの中には、副業でIFAをやっている人もいますし、証券会社出身者だけでなく、保険会社や銀行出身の人もいます。

一方、正社員として働くIFAもいます。この場合、所属する金融商品仲介会社の方針に従って営業活動することになりますが、その会社の経営理念に共感して入社するので、証券会社のようなジレンマを抱えるケースは少ないでしょう。

ただし、すべてのＩＦＡが資産形成のパートナーにふさわしいかと言えばそうではありません。特に業務委託のＩＦＡは玉石混交、千差万別です。理想と希望を持ってＩＦＡになったものの、自分が生活をしていくために、従来の**証券会社以上に手数料稼ぎに必死になっているＩＦＡも多い**のが現実です。

次に、投資助言会社についてお伝えしましょう。

投資助言会社は、投資顧問会社とも呼ばれ、名前の通り投資の助言をする会社です。年金基金や運用会社等の機関投資家を対象とする会社もあれば、個人向けの会社もあります。助言を行なう有価証券の種類や助言内容もさまざまです。

個人向けで多いのは、「個別株式の情報提供」をする会社です。入会金や月会費等を払えば、儲かりそうな銘柄をレポート等で送ってくるスタイルが多いです。また、先物やオプション等を活用してリスクの高い取引を助言する会社もあります。

これから資産形成を始めるあなたにおすすめなのは、**投資信託等を活用して長期的な資産形成を助言してくれる会社**です。

このような投資助言会社をパートナーとした場合、ＩＦＡからどの商品をいくら、どのように購入していくかのアドバイスを受けながら、証券会社で口座開設、商品を購入していく形になります。投資助言会社にはアドバイスの対価として助言報酬（投資顧問料）を支払います。

ただし、このタイプの投資助言会社は私の知る限りまだ少なく、ＩＦＡもまだまだ少ないのが現状です（弊社は数少ないこのタイプの会社です）。

相談しながら資産形成をしていきたい人への私の結論は以下のどちらかです。

・ＳＢＩ証券か楽天証券と提携している金融商品仲介会社のＩＦＡ。
・長期的な資産形成を助言する投資助言会社のＩＦＡのアドバイスを受けながら、ＳＢＩ証券か楽天証券で投資を行なう。

いずれも、**顧客の利益を最優先に考える、真に顧客本位のＩＦＡを選ぶ**ことが大前提です。良いＩＦＡ、自分に合うＩＦＡにめぐり逢うには情報収集が大切です。

YouTubeやTwitter、Facebookで情報発信したり、本を出版しているＩＦＡもいますので、まずはネットで調べてみましょう。

また、ＩＦＡと取引している人がいたら、話を聞いてみましょう。信頼できそうであれば紹介を依頼してみるのもいいと思います。そして、実際に面談をして、人となりや考え方を確認してから依頼するかどうかを決めるようにしましょう。

6 さあ、ネット証券で「口座開設」してみよう！

それでは、実際に「**口座を開設**」してみましょう。

おすすめしたＳＢＩ証券か楽天証券は、どちらもネットから手続きができます。ここでは、楽天証券の口座開設の仕方を解説します。

一番簡単なのは、スマホを利用した手続きです。

まずは、「楽天証券　口座開設」で検索し、「口座開設はこちらから（無料）」をクリックして進んでいきましょう。おおまかな流れは次の通りです。

「メールアドレスの登録→送られてきたメールのURLから手続き開始→本人確認書類の登録→住所や氏名等のお客様情報の入力→口座が開設できたら楽天証券からログインIDの送付」

順次画面の指示にしたがっていくことになりますが、口座開設に必須の「本人確認」について説明しておきます。

本人確認書類として有効なのは、マイナンバーカード、運転免許証、パスポート、健康保険証、住民票の写し、住民基本台帳等になります。

楽天証券の場合、スマホからの口座開設手続きでは、運転免許証かマイナンバーカードと合わせて顔写真を撮影してアップロードすることで本人確認が終了する、「スマホで本人確認」という方法があります。

この方法だと、最短翌日にメールでログインIDが送られてきますので、**すぐに取引を開始することが可能**になります。できるだけ早く口座開設をしたい人は利用するといいでしょう。

このオンライン上で本人確認が完了する「オンライン本人確認（eKYC）」は、銀行口座の開設やクレジットカードの申し込みでも増えてきています。

また、本人確認書類の写真をアップロードする方法も可能です。この方法だと、1週間ほどで郵送にてログインIDが送られてきます。

「スマホで本人確認」より多少時間はかかりますが、特に急ぎでなければ顔写真を撮影する手間もないので、より手軽です。


はじめて証券会社に口座開設する人が迷う点を解説しておきます。

お客様情報等を登録する際に、途中で「納税方法の選択」という画面が出てきます。

この画面では、

「確定申告が不要　特定口座（源泉徴収あり）」

「自分で確定申告　特定口座（源泉徴収なし）」

「自分で計算して確定申告　一般口座（源泉徴収なし）」


の3種類から選ぶことになります。ここでは、「**確定申告が不要　特定口座（源泉**

徴収あり）」を選びましょう。投資信託や株式の売買で利益が出た場合、利益に対して20・315％の税金がかかりますが、これを選んでおけば、自動的に税金を計算して納税してくれるので手間が省けるのです。

また、楽天銀行の口座も開設するかどうか、選択する場面が出てきます。楽天銀行の口座がなければ一緒に申し込みをしてもいいのですが、楽天銀行と楽天証券はひんぱんに口座開設キャンペーンをやっているので、一旦調べてからでもいいと思います。

さらに、FX口座や信用取引口座の開設有無を確認してきますが、これは申し込む必要はありません。

iDeCoやNISAを申し込むかどうかを選ぶ場面も出てきます。6章で詳しく解説しますが、iDeCoとNISAは税制上のメリットが大きいため、ぜひ活用すべきですが、どこでするかを決めてからでも遅くはありません。

口座が開設できれば、次はいよいよ金融商品を選ぶ段階です。次章で詳しくお伝えします。

5章

資産形成のプロが教える、50歳からの「おすすめ金融商品」

1 私が「投資信託」を最もおすすめする理由

この章では、いよいよ金融商品の選び方をお伝えしていきます。まずは、50歳から老後の資産を作るうえで**最もおすすめの金融商品「投資信託」**から始めましょう。

投資信託とはファンドとも呼ばれます。投資家から集めたお金を、運用の専門家（ファンドマネージャー）が、株式や債券などに投資・運用を行ない、その得られた運用成果は投資家それぞれの投資額に応じて分配される仕組みの金融商品です。

まずは、その仕組みを理解しましょう。

投資信託は、投資信託を運用する運用会社（実際の運用を指揮・指示・指図するファンドマネージャーが在籍）、投資信託を販売する販売会社（証券会社や銀行）、資金や有価証券を受託・管理する受託会社（信託銀行など）の3者がそれぞれ役割を果たすことで成立しています。販売会社を通さず、運用会社が直接販売するケースもあり

「投資信託」の仕組みを理解しよう

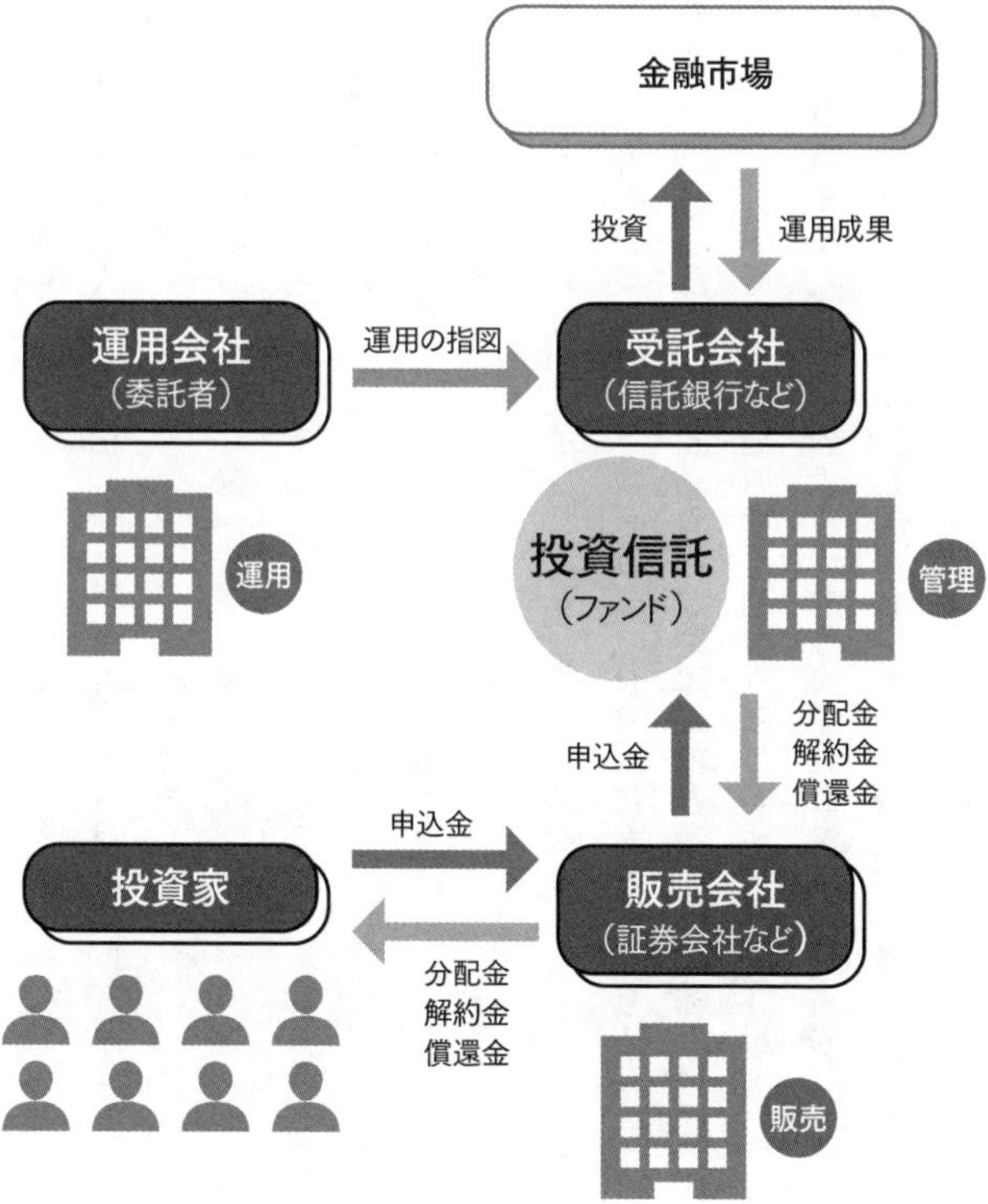

ます。

法律上、運用会社は委託者、信託銀行は受託者と呼ばれ、図で示すと前ページのようになります。

投資信託にも値段があり、これを「**基準価額**」と呼びます。

通常、投資信託は運用を開始する時は1口1円からスタートします。運用が開始されれば基準価額は毎日計算され、1日1回、その日の夕方以降（翌日以降の場合もあります）に確定します。そして新聞や販売会社、運用会社のホームページ等で毎日公表されます。

基準価額は1万口当たりで表示され、1万円からスタートして上がっていけば2万円にも3万円にもなりますし、下がれば8000円にも5000円にもなります。

基準価額は、投資した銘柄や商品の合計金額（純資産額）に配当金等を加え、運用管理費用などのコストを引き、総口数で割った値です。

単純な例で計算すると、以下のようになります（コスト等は考慮していません）。

ある投資信託では、Aさんが30万円、Bさんが50万円、Cさんが20万円をそれぞれ投資。3人合計で100万円の資金が集まり、日本株へ投資、運用を開始したとします。開始時点では1口1円ですから、Aさんは30万口、Bさんは50万口、Cさんは20万口保有しています。1年後、ファンドマネージャーの頑張りもあって、100万円が120万円に増えたとします。口数の合計は100万口ですから、120万円÷100万口で1口1・2円、基準価額は1万口当たりですので1万2000円となります。

たまに、「基準価額が高い投資信託はもう上がらないのではないか」と誤解される人がいます。投資信託は運用がうまくいけば基準価額はどんどん高くなりますし、スタートした時の市場環境にもよりますので、基準価額の高低は気にする必要は一切ありません。

もう1つ、投資信託の「分配金」について、理解しておきましょう。

投資信託にも決算があります。商品によって、年1回だったり毎月だったりさまざまですが、決算時に分配金を出す投資信託があります。

分配金は、「運用している資産の中から」1口当たり○円といった形で出します。預金の利息と違って、**分配金として支払った金額分は運用資産が減少します**ので、その分、基準価額は下がることになります。

分配金は、普通分配金と元本払戻金（特別分配金）の2種類があります。普通分配金は税金がかかりますが、元本払戻金（特別分配金）は、その名の通り元本の払い戻しにあたるため税金はかかりません。

分配金を受け取ってもその分、基準価額が下がりますし、税金が引かれる分だけ資産合計は減少してしまいます。そのため、資産を増やしていきたい場合、分配金を受け取ることはむしろデメリットになります。

分配金を生活費に充てたり、他で使う予定がある場合は別ですが、そうでなければ分配金を出さずに「複利効果」で大きく増やしてくれたほうがいいのです。

分配金についての方針は投資信託によって違います。「投資信託説明書（交《こう》付《ふ》目論《もくろ》見《み》書《しょ》）」という資料を読めば方針が書いてありますし、販売会社や運用会社のホームページに過去の分配金実績が載っています。

資産を増やしていくうえでは、**「分配金を出さない方針」の投資信託のほうが有利**です。覚えておいてください。

もう1つ、投資信託の「コスト」について理解しておきましょう。

主なコストは、**購入時手数料と運用管理費用（信託報酬）**です。それ以外にも、運用時に銘柄を売買する際にかかる取引手数料や監査費用、商品によっては信託財産留保額とよばれるコストがかかる場合もあります。

購入時手数料とは、その名の通り、投資信託を購入する時にかかる手数料です。購入時手数料を決めるのは販売会社ですので、同じ商品でも販売会社によって違うことがあります。

一般的には、対面型の証券会社や銀行では、投資信託の購入金額の2～3％を購入時手数料としているケースが多く、**ネット証券では無料**としているところが大半です。ちなみに、購入時手数料は販売会社の収入となります。

運用管理費用（信託報酬）は、その投資信託を運用・管理していくのにかかる費用です。商品によって違いますが、運用財産額に対して年率0・1％程度～2％程度、保有している間はずっとかかります。

運用管理費用は、運用会社・販売会社・受託会社の3者で分け合いますが、運用会社にとってはこれが主な収入源です。

2

投資信託は、どういう基準で選ぶのが正解？

次に、投資信託の選び方を説明します。以下の項目をチェックしてください。

□ どのような資産に投資するのか？
□ インデックスファンドなのか、アクティブファンドなのか？
□ アクティブファンドの場合、過去の運用実績はどうか？
□ アクティブファンドの場合、ファンドマネージャー、運用会社の考え方はどうか？
□ コスト（購入時手数料や運用管理費用など）はいくらか？
□ 純資産額はいくらか？
□ 分配金はどうなっているか？
□ 信託期間はどのくらいか？

投資信託とは、「中にどんな資産や銘柄を入れるのかは自由な箱」であるとお伝えしました。「どのような資産、対象に投資するか」は投資信託ごとに運用方針が決まっています。だから、まずは運用方針を確認していただきたいのです。

たとえば、「日本の株式に投資」する運用方針の投資信託と、「外国の債券に投資」する運用方針の投資信託では、期待できるリターンもリスクもまったく違います。

運用方針は、投資信託説明書（交付目論見書）に「ファンドの特色」という欄があり、そこにどんな対象に投資するかが書いてあります。ここを見るだけで運用方針がわかります。

これから資産形成をスタートするあなたは、株式、それも**世界の株式に投資する投資信託を選ぶことが基本**になります。

次に確認するのは、インデックスファンドなのか、アクティブファンドなのかです。

インデックスファンドとは、パッシブファンドとも呼ばれる、**市場動向を表す指数に連動**するように設計された投資信託を指します。たとえば、日経平均株価や米国の

S&P500に連動するような投資信託です。

日経平均株価とは、日本経済新聞社が公表している日本の株式市場の代表的な株価指数で、流動性の高い225銘柄から算出されています。単に日経平均や日経225とも呼ばれています。

また、S&P500とは、S&Pダウ・ジョーンズ・インデックスが公表している米国の代表的な株価指数の1つで、ニューヨーク証券取引所、NASDAQ等に上場している主要な企業500銘柄から算出されています。

一方、**アクティブファンド**とは、ファンドマネージャーが独自の見通しや投資判断に基づいて銘柄を選択したり売買を行なうことで、**ベンチマーク以上の運用成果を目指す**投資信託のことです。

たとえば、日本の株式で運用するアクティブファンドの多くは、TOPIX（東証株価指数）をベンチマークとしています。

TOPIXとは、Tokyo Stock Price Indexの略で、東京証券取引所プライム市場に上場する銘柄等を対象として算出・公表されている、株式市場全体の動きを表す株価指数です。

つまり、日本株のアクティブファンドは日本の株式市場全体の動きよりも良い運用成果をあげることを目指していることになります。

過去の実績やファンドマネージャーの考え方などは、その商品のホームページを見ることで確認できます。

次に確認するのはコストです。購入時手数料については前項でお伝えした通りです。もう1つの主なコストである運用管理費用（信託報酬）は、インデックスファンドとアクティブファンドではかなり違います。相対的にインデックスファンドのほうが低い傾向にあり、最近では0・1～0・2％程度と非常に低い商品が増えてきています。

一方、アクティブファンドでは1・0～2・0％程度の運用管理費用がかかります。運用管理費用の差は微々たるように感じるかもしれませんが、2章の投資の基本原則でもお伝えした通り、長期でみると大きな差になります。

運用管理費用は運用会社の主な収入源だとお伝えしました。インデックスファンドは単に指数に連動するように設計するため、銘柄選択等のコストがほとんどかからないので運用管理費は低く済むのです。

アクティブファンドは、ファンドマネージャーが独自に調査をして銘柄選択をします。市場動向を見て機敏に売買する場合もあります。当然、その分のコストがかかるため、**運用管理費用は高くなる**のです。

高い運用管理費用を補って余りある良いリターンが出るのであれば、高いコストを負担してでもアクティブファンドを選択する意味はあります。ファンドマネージャーや運用会社の投資スタンスと考え方、過去の実績等をしっかりとチェックしましょう。

純資産額も確認しておきましょう。純資産額があまりに小さいと、投資できる銘柄の数や量が十分ではなく、ファンドマネージャーの思ったような運用ができないことになります。

また、証券会社の販売姿勢に左右されてしまうような投資信託は避けたほうが無難です。たとえば、新規で設定する際には、営業員に大号令をかけて大量に販売したが、その後は解約が続き、純資産額がどんどん減っていくような商品です。

解約注文が来ると、現金を作るために投資している銘柄を売却しなければなりません。これではファンドマネージャーが腕を振るうことはできません。純資産額の目安としては50億円以上、また、資金が安定的に流入しているかどうかを確認するようにしましょう。

分配金については前項で解説しました。分配金を出す方針の投資信託は長期的な資産形成には向いていません。必ず分配実績と合わせて確認してください。

最後に、信託期間も確認しておきましょう。

信託期間は無期限としている投資信託もありますし、一定の期間で区切っているケースもあります。

必ずしもその期間で償還してしまうわけではありませんが、無期限であれば長期で投資することを前提にしていると考えられます。

3 上場投資信託「ETF」は何がお得なのか？

次に、「**ETF**」という金融商品について説明します。

聞いたことがない人が多いと思いますが、ETFは投資信託の一種です。

Exchange Traded Funds の略で、「**上場している投資信託**」のことです。証券取引所に上場して、株式と同じように値段を見ながら売買できるインデックスファンド、と思っていただければ結構です。

ETFが一般の投資信託と違う主な点は3つあります。

①、取引所が開いている時間はいつでも売買が可能。
②、運用管理費用（信託報酬）が一般の投資信託よりも低い傾向にある。
③、利益は決算日に全額分配金として支払う。

前に、一般の投資信託は1日1回、基準価額が計算されるとお伝えしました。ETFは、対象とする指数（日経平均225など）のリアルタイムの動きを折り込んで投資家が売買するので、価格は日中でも随時変動しています。

運用管理費用（信託報酬）については、たとえば、日経平均225に連動する代表的なETFと投資信託を比較すると、前者が0・127％、後者が0・154％となっています。以前はかなり差がありましたが、最近はその差が縮まっています。

分配金については、投資信託と大きな違いがあります。

ＥＴＦは、税法により、決算期間中に発生した利子や配当などの収益から運用管理費用などの費用を控除した全額を分配することになっています。したがって決算日には分配金が出るのが普通です。

また、ＥＴＦは証券会社を通じて売買するため、取引手数料がかかります（ネット証券では銘柄によっては取引手数料を無料としている場合があります）。

ＥＴＦは日本ではまだあまり普及していません。事実、東京証券取引所に上場しているＥＴＦは、２０２２年11月末現在で２７９銘柄、米国等の海外に上場している銘柄のうち、日本で取引できるのはＳＢＩ証券や楽天証券で３５０～４００銘柄前後です。一般の投資信託に較べるとかなり少ないと言えます。

また、投資信託のように積み立て投資ができない場合も多いです。

ＥＴＦの特徴を活かせる人は、マーケットの動きを見ながら機動的に売買したい人や分配金を受け取りたい人です。積み立て投資をメインに資産形成していく人は**あえてＥＴＦを活用する必要はありません**。

4 「投資信託で損をしない」情報収集術

投資信託を賢く選ぶための「情報収集」には、少々コツがあります。

まず、どんな投資信託かを知るための方法です。前項でお伝えしたチェックポイントは運用会社のホームページ等で確認することができます。

たとえば、三菱UFJ国際投信が運用する「eMAXIS Slim 全世界株式（オール・カントリー）」を例にとって解説していきます。

まずは、上記投資信託の名称をネットで検索してみてください。三菱UFJ国際投信の公式ホームページを見つけたら、**まず確認していただきたいのが「交付目論見書（投資信託説明書）」**です。

左の図を見てください。三菱UFJ国際投信の公式ホームページに掲載されている「eMAXIS Slim 全世界株式（オール・カントリー）」の交付目論見書（投資

「eMAXIS Slim 全世界株式」とは、どういう商品？

eMAXIS Slim 全世界株式(オール・カントリー)

追加型投信／内外／株式／インデックス型

※ご購入に際しては、本書の内容を十分にお読みください。

商品分類				属性区分					
単位型・追加型	投資対象地域	投資対象資産(収益の源泉)	補足分類	投資対象資産	決算頻度	投資対象地域	投資形態	為替ヘッジ	対象インデックス
追加型	内外	株式	インデックス型	その他資産	年1回	グローバル(日本を含む)	ファミリーファンド	なし	その他(MSCI オール・カントリー・ワールド・インデックス(配当込み、円換算ベース))

「三菱UFJ国際投信」ホームページより。

信託説明書）の表紙です。

この表紙だけで、投資対象資産は内外の株式であることやインデックスファンドであることなど、ある程度**どんな投資信託なのかがわかる**ようになっています。

次のページには、ファンドの目的・特色が書いてあります。

このファンドの目的は、日本を含む先進国および新興国の株式市場に連動する投資成果を目指すことであり、具体的にはMSCIオール・カントリー・ワールド・インデックス（配当込み、円換算ベース）に連動するという記載があります。

さらに、分配方針という欄があります。

ファンドの目的・特色がすぐわかる！

何を目指しているかがわかる！

ファンドの目的・特色

ファンドの目的

日本を含む先進国および新興国の株式市場の値動きに連動する投資成果をめざします。

ファンドの特色

特色1　MSCI オール・カントリー・ワールド・インデックス（配当込み、円換算ベース）に連動する投資成果をめざして運用を行います。

- MSCI オール・カントリー・ワールド・インデックス（配当込み、円換算ベース）をベンチマーク（以下「対象インデックス」という場合があります。）とします。
- ファンドの1口当たりの純資産額の変動率を対象インデックスの変動率に一致させることを目的とした運用を行います。

MSCI オール・カントリー・ワールド・インデックス（配当込み）とは、MSCI Inc.が開発した株価指数で、世界の先進国・新興国の株式で構成されています。
MSCI オール・カントリー・ワールド・インデックス（配当込み、円換算ベース）は、MSCI オール・カントリー・ワールド・インデックス（配当込み、米ドルベース）をもとに、委託会社が計算したものです。
MSCI オール・カントリー・ワールド・インデックスに対する著作権及びその他知的財産権はすべてMSCI Inc.に帰属します。

■分配方針

- 年1回の決算時（4月25日（休業日の場合は翌営業日））に分配金額を決定します。
- 分配金額は委託会社が基準価額水準、市況動向等を勘案して決定します。ただし、分配対象収益が少額の場合には、分配を行わないことがあります。

分配金額の決定にあたっては、信託財産の成長を優先し、原則として分配を抑制する方針とします。（基準価額水準や市況動向等により変更する場合があります。）

将来の分配金の支払いおよびその金額について保証するものではありません。

分配方針はここ！

MSCIが開発した株価指数に
連動するという特色がわかる！

気になる「費用」についてもチェック！

購入時の手数料、
信託財産留保額はなし！

ファンドの費用

投資者が直接的に負担する費用	
購入時手数料	ありません。
信託財産留保額	ありません。

投資者が信託財産で間接的に負担する費用

運用管理費用（信託報酬）

日々の純資産総額に対して、**年率0.1144%（税抜 年率0.104%）以内をかけた額**

1万口当たりの信託報酬：保有期間中の平均基準価額 × 信託報酬率 ×（保有日数／365）

上記の計算方法は簡便法であるため、算出された値は概算値になります。

信託報酬率ならびに配分は、ファンドの純資産総額に応じて以下の通りとなります。

ファンドの純資産総額に応じて	信託報酬率（税込 年率）	配分（税抜 年率）			
		合計	委託会社	販売会社	受託会社
500億円未満の部分	**0.1144%**	0.104%	0.042%	0.042%	0.02%
500億円以上 1,000億円未満の部分	**0.11385%**	0.1035%	0.0415%	0.042%	0.02%
1,000億円以上の部分	**0.1133%**	0.103%	0.041%	0.042%	0.02%

※上記各支払先への配分には、別途消費税等相当額がかかります。

（ご参考：上記信託報酬率を用いて計算したファンドの純資産総額ごとの実質信託報酬率の例）

ファンドの純資産総額	4,700億円	5,000億円	5,300億円
実質信託報酬率（税込 年率）	0.11348%	0.11347%	0.11346%

<各支払先が運用管理費用（信託報酬）の対価として提供する役務の内容>

支払先	対価として提供する役務の内容
委託会社	ファンドの運用・調査、受託会社への運用指図、基準価額の算出、目論見書等の作成等
販売会社	交付運用報告書等各種書類の送付、顧客口座の管理、購入後の情報提供等
受託会社	ファンドの財産の保管および管理、委託会社からの運用指図の実行等

運用管理費用の合計はここ！

年1回の決算であること、分配金は原則として抑制する方針であることがわかります。

これ以降、投資リスクや運用実績、手続・手数料等と続きます。手続・手数料等の欄では、ファンドの費用について、購入時手数料や信託財産留保額がないこと、運用管理費用は、年率0・1144％以内であること等が書かれています。

この交付目論見書（投資信託説明書）を見れば、おおよそのことが把握できるのです。さらに、ホームページではさまざまな情報を得ることができます。最新の基準価額や純資産総額、過去の値動きと純資産額の推移、過去の分配金実績等です。

また、最新の月次レポートや販売会社も確認できるようになっています。

投資の候補となる投資信託を見つけたら、**運用会社の公式ホームページを見る**ようにしましょう。

最近は、Twitter や YouTube などでさまざまな情報が飛び交っています。いわゆる、インフルエンサーと呼ばれる人たちが、再生回数を稼ぐために刺激的な話をするケースも見受けられます。

なかには正しく有益な情報もありますが、不確かな情報に振り回されてリスクの高い商品に手を出したり、あたふたと売買したりしないように十分に注意してください。

最新の値段、過去の実績もわかる！

■ 運用情報

基準日	基準価額	前日比	解約価額	純資産総額
2022年10月21日	16,730円	-54円	16,730円	7,088.44億円

■ 基準価額チャート

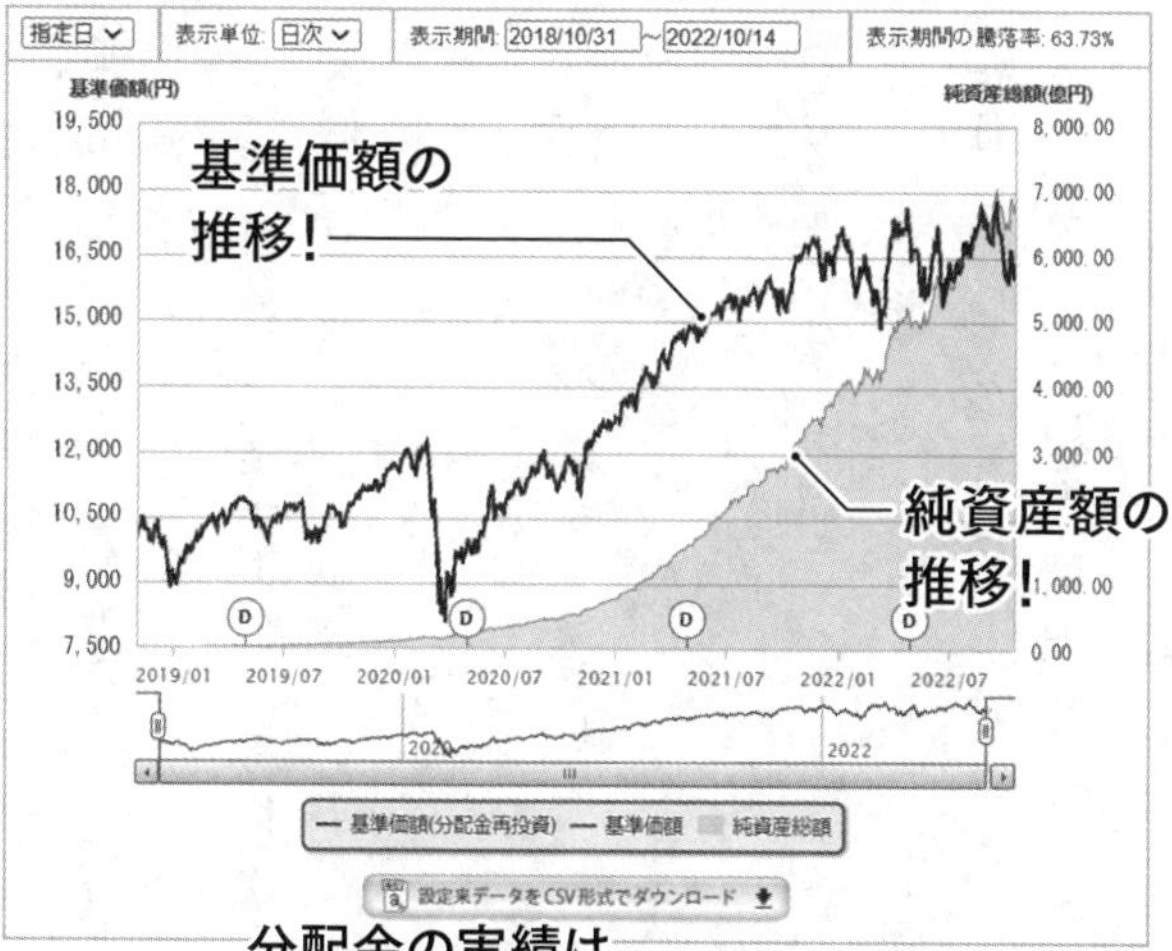

分配金の実績は
ここを見よう！

表示期間ついて　表示期間の騰落率について

■ 分配金実績(税引前)

決算日	基準価額	分配金実績(税引前)
2022年04月25日	16,958円	0円
2021年04月26日	14,681円	0円
2020年04月27日	9,685円	0円
2019年04月25日	10,927円	0円
設定来累計		0円

ネットで得られる情報の中で、年に1回行なわれている**「投信ブロガーが選ぶ！ Fund of the Year」**というイベントは有益です。ご紹介しましょう。

個人投資家にとって本当によいと思える投資信託を、投信ブロガーたちが投票で選び、それを広めることで自分たちの手でよりよい投資環境を作っていこう、という試みです。なかには長期投資に向かない商品もありますが、純粋に投資家から評価された投資信託が並びますので、参考になると思います。

ちなみに、2021年のFund of the Yearは、先ほど例に挙げた、eMAXIS Slim 全世界株式（オール・カントリー）でした。

私が投資信託をおすすめする理由を改めてお伝えします。

①、少額から投資できること。

②、分散投資が容易にできること。

③、運用のプロに任せることができること。

④、個人ではアクセスできない銘柄や商品に投資できること。

投資する個別の銘柄を自分で研究する必要がなく、**ある程度はほったらかしでも大丈夫**です。さらに、前述したようにネット証券を利用することで取引手数料が無料もしくは格安で資産形成に取り組むことができるのです。私が証券会社に勤務していた時代とは雲泥の差です。

ぜひ、この素晴らしい環境を老後の資産形成に活かしていただきたいと思います。

5 意欲のある人に知ってほしい「株式投資の本質」

さて、読者のみなさんのなかには、株式投資で老後の資産形成をしたい人もいるかもしれません。

50歳の投資初心者の人にとって、やや難易度が高いのは事実です。ただ、3章で説明した「国際分散投資＋個別株式投資の合わせワザ」を実行したい人や、いずれ個別の株式投資にチャレンジしたいという意欲のある人向けに、できるだけわかりやすくポイントをお伝えしましょう。

株式は、株式会社に資金を出資している証明として株主に対して発行されます（昔は実際に紙の「株券」がありましたが、現在では電子化されて実物の株券はありません）。株主が出資したお金は、会社が存続する限り払い戻しされません。換金したい時は、上場している株式であれば取引所を通して、未上場株式であれば相対《あいたい》（個別に相手を見つけて）で売却することになります。

株式のリスクは、株価が大きく上下する点です。経済環境や業績の悪化によって大きく値下がりする可能性があり、最悪の場合、投資した企業が倒産すると株価はゼロになってしまいます。実際、有名企業では２０１０年に日本航空や武富士、20年にはレナウンが経営破綻して株価は無価値になりました。

一方、株価が大きく上がることも当然あります。株価は基本的には企業業績、特に利益に連動しますので、利益が2倍になれば株価も2倍に、利益が3倍になれば株価も3倍になります。

株式投資は「**ハイリスク・ハイリターン**」が基本。業績が伸びていく企業であれば株価も上昇していくので、大きな資産を作ることができるのです。

通常、株式投資は東京証券取引所に上場している企業を対象に行ないます。取引所での売買にあたっては単元株制度があり、**100株単位の取引**となっています。

たとえば、トヨタ自動車を購入する場合、この原稿を書いている日の株価は2020円ですので、100株買うとすると、2020円×100株で20万2000円が必要ということになります。加えて、取引手数料が必要になります（ネット証券だと無料〜数百円程度です）。

株式投資の主なリターンは株価の値上がりですから、トヨタ自動車株式への投資が実を結ぶかどうかは、いくらで売却することができるか次第です。ちなみに、2012年11月初旬は480円前後でしたので、**10年間の保有で約4倍になった計算**です。

株式投資で得られるリターンは、株価の値上がりだけではありません。配当金がもらえたり、株主優待を受け取ることができる企業もあります。

配当金について、さきほどのトヨタ自動車の場合で見てみましょう。

トヨタ自動車の2022年の実績を見ると、3月31日現在の株主に1株当たり28円の配当金、9月30日現在の株主には1株当たり25円の配当金を出しています。

仮に2020円で100株購入して3月31日も9月30日も保有していた場合、28円

×100株＋25円×100株で合計5300円の配当金を受け取れたことになります（税金は考慮していません）。単純計算だと、20万2000円の投資で5300円の配当金がもらえたので、2・62％の年利回りとなります。結構いいですね！

配当金を受け取るまでの流れも説明しておきましょう。

通常、配当金は決算日時点での株主に支払われます。たとえば、3月末日が決算日の企業の場合、3月末日時点で株主になっている必要があります。そして、配当金の金額と支払いについては株主総会の決議が必要です。

つまり、配当金を実際にもらうまでのスケジュールは、決算日までに株主になる→決算日から2カ月以内に開催される株主総会で配当金が決定→その後の支払い手続きとなり、**決算日から2～3カ月後に受け取ることができる**ようになります。

配当金の受け取り方は次に挙げる4つで、どれかを選んで指示することになります。

①、郵便局や銀行で直接受け取る。
②、銘柄ごとに指定の金融機関に振り込んでもらう。
③、証券口座で受け取る。

④、銀行口座で受け取る。

配当金を出すか出さないかは企業が決定します。一般論としては、急成長中の企業は成長投資の原資にするため配当金は出さない、成熟企業は株主への還元策として配当金を出す場合が多いです。

ただし、業績や財務状況等によっては減額するとか、配当金を出さない判断をする可能性もあります。配当金が出るか出ないか、出る場合の金額がいくらになるかは、決算を締めてその期の業績が確定し、株主総会を経た後にならないとわからないのです。

配当金に関する基本的な考え方は、企業のホームページを見ればわかります。

上場企業のホームページには「**IR**」というコーナーがあります。IRとは、Investor Relations の略で、企業が株主や投資家向けに経営状態や財務状況、業績の実績、今後の見通しなどを広報するための活動を指します。

先ほどのトヨタ自動車のIRコーナーには、「配当金については、連結配当性向30%を維持・向上させつつ、安定的・継続的に配当を行なうよう努めていきます」と書かれています。配当性向30％とは、「その期に挙げた税引後純利益の30％を配当金として支払います」という意味になります。

また、トヨタ自動車は「安定的かつ継続的に配当金を出す」考えであることがわかります。

配当金は、株主として企業に資金を提供し、企業はその資金を活用して事業を行ない、結果として利益が出れば持ち分に応じて利益を分け合う、**まさに株式投資の本質の1つ**であると言えます。

また、株主になることで「株主優待」を享受できる場合があります。

たとえば、経営するレストランの食事券や、自社店舗で買い物をする時に割引が受けられる優待券、航空会社や鉄道会社の切符がお得に買える株主優待券等があります。ある意味、ご自身がよく利用するサービスやお店を経営する企業の株式を購入することもリターンを得ることにつながります。

ただ、最近は株主優待制度を廃止する企業が増えてきました。理由は「株主平等の原則に反する」からです。

一例を挙げると、「保有株式数が100株以上1000株未満の場合、1000円相当の商品詰め合わせ」を株主に贈る株主優待の場合、保有株数が違うのにもらえる商品は同じという不平等が生じているのです。

また、投資信託が株主の場合は、株主優待券をもらっても本来そのメリットを享受すべき最終投資家に平等に還元することが困難ですので、もらっても困ってしまうという問題もあります。

次の項では、具体的な株式の選び方について説明していきます。

6 将来、値上がりする「有望銘柄」の見つけ方

株式投資で得られるリターンがわかったところで、そのリターンが見込める企業をどのように選んでいけばいいのか、ヒントをお伝えしましょう。

現在、東京証券取引所に上場している企業は3800社を超えています。日本には

株式会社が200万社以上ありますが、その中の約3800社ですから、**上場している会社は選りすぐりの企業**ということになります。

とは言え、3800社です。その中からどうやって投資する株式を選べばいいのでしょうか?

はじめに申し上げておきますが、本格的に株式投資をするには相応の勉強が必要です。よく使用する指標であるPERやPBR、ROEといった専門用語も理解して活用する必要があります。また、ある程度は決算書を読めたほうがいいですし、株式投資の必携書とも言える『会社四季報』も読んだほうがいいです。

でも、みなさんにはそんな時間はありませんよね。また、勉強して知識を身につけて経験を積んだからといって、必ず儲かるわけではありません。

そこで、株価の値上がりが期待できる銘柄を見つける1つの方法として、ご自身の得意な分野や詳しい分野の商品やサービスを、**「ユーザー目線で見極める」**ことをおすすめします。

ポイントは、日々の仕事や生活の中で話題や人気になっている商品、サービスを見逃さないことです。人気が出て売れているのであれば、売上が増えて利益も増えるでしょう。株価は企業業績に連動しますので、売上が増えて利益も増えるのであれば、株価も上がる可能性が高くなるのです。

このような視点は、ある意味プロの投資家よりも、日々ユーザーや消費者として触れている人のほうが感度もいいし情報のキャッチも早いものです。

もちろん、目をつけた商品やサービスを提供している企業が上場しているのかどうか、上場しているなら業績や株価がどうなっているかなど、最低限チェックする必要はあります。それでも日々アンテナを高く張っていることで、**有望銘柄を見つけるチャンスは必ずある**と思います。

私自身、iモードを開始した時のNTTドコモ株、新型車や進化した運転支援システムを発表した時のスバル株などは、ユーザーとして「すごい！　絶対に売れる！　株価も上がるに違いない！」と確信、事実その後株価は大幅に上昇した経験があります。

次に、配当金に着目する場合です。配当金は受け取り時に20・315％の税金が引かれますので、再投資する場合は課税後の金額になってしまうことに注意が必要です。

一方、受け取った配当金で食事や旅行に行くなど、人生が豊かになるのであれば、資産形成の成果の1つであると言えます。

配当金に着目して株式投資を検討する場合、**「配当利回り」**がポイントになります。

配当利回りとは、株価に対する年間配当金の割合を示す指標で、1株当たりの年間配当金を現在の株価で割って求めます。

たとえば、現在株価が1000円、配当金は年30円であった場合、配当利回りは3・0％（30円÷1000円）となります。

東京証券取引所のプライム市場に上場している銘柄の平均配当利回りは、22年11月末現在、2・3％程度です。

配当金に着目する場合、できれば高配当利回りの銘柄を狙いたいところですので、ネットで「配当利回り ランキング」と検索してみてください。高配当利回り銘柄を確認することができます。

ただし、ランキングを利用する時は次の2つに注意してください。

①、異常に高い配当利回りは、何らかのリスクの裏返しであること。

②、配当利回りはあくまで予想であること。

①の「**異常に高い配当利回り銘柄**」**については避けたほうがいい**です。何らかの理由があって株価が下がり、その結果の高配当利回りになっている可能性が高いからです。「業績悪化→実際の配当は減額→さらなる株価下落」という悪循環に陥る可能性もあります。

②については、前項でもお伝えした通り、配当金はあくまで予想です。業績次第で実際の配当金は大きく変わる可能性があります。

そこで、1つの視点として「**連続増配企業**」に着目してみてはいかがでしょうか。

連続増配とは、「毎年配当金を増やしてきた」ということです。業績も安定して伸びてきている証ですし、会社の配当金に対する、つまり株主に対する確固たる意志の表れでもあります。

参考までに、日本企業の連続増配ナンバー1企業は花王、過去32年も増配を続けています。2位はSPKの24年、3位は三菱HCキャピタルの23年となっています。

最後に、株主優待に着目する場合を考えてみましょう。

移動によく飛行機を利用する人は日本航空や全日空、鉄道をよく利用する人はJR各社や私鉄各社の株主になることで、優待により安く切符を購入することができます。また、東京ディズニーランドの運営会社であるオリエンタルランドは、保有株数に応じて入園券がもらえる株主優待を実施しています。

商品券やクオカード、お米や商品カタログ等の株主優待が受け取れる企業もありますので、ご自身のニーズに応じて調べてみましょう。

ただ、前述の通り、株主優待制度を廃止する企業が増えてきていますし、基準の変更もあり得ますので、**株主優待はあくまで「おまけ」程度に考えておくのが無難**です。

株式投資は、日本企業だけでなく、米国企業への投資も考えられます。普段、スマホはアップルのiPhone、ネットでのお買い物はアマゾン、ネット検索はグーグル、SNSはツイッターやフェイスブック、インスタグラムを利用している人は多いのではないでしょうか。

いずれも米国企業が生み出した製品やサービスですね。日々の生活にとても身近になりました。

米国株式は1株から購入できるため、比較的少額で投資することができます。

さきほど挙げた企業の株価は、いずれも100ドルから150ドル程度（2022年11月末現在）ですので、日本円にして1万3000円から2万1000円前後で投資することができます。

取引手数料もSBI証券か楽天証券だと、購入代金の0・495％、最大でも22ドルと、昔に比べると相当安く済むようになりました。

ちなみに、さきほどお伝えした連続増配は、米国企業への投資でも参考になると思います。

有名企業だと、P&G（プロクター・アンド・ギャンブル）は65年、3M（スリーエム）は63年、ジョンソン・エンド・ジョンソンやコカ・コーラは59年など、長年増配を続けている企業が多数あります。日本企業とはスケールが違いますね。

ただし、米国株式に投資する場合、為替レートが変動するリスクがありますので注意が必要です。この点に関しては、のちほど改めて詳しくご説明します。

7 安全性を最重視するなら「債券投資」を考えよう

次は、債券投資についてご説明します。

2章でも簡単に触れましたが、債券は、国・地方公共団体、企業等が、**投資家からお金を借りる時のいわば借用証書**です。発行者は投資家に対して約束した利子を支払い、償還日には元本を返します。

また、通常の債券は償還まで待たなくとも途中で売却することが可能です。ただし、途中で売却する場合、価格は変動していますので、売却益が出ることもあれば売却損が出る可能性もあります。

通常、債券は「償還日、利率、利払日、発行金額、額面金額」といった条件が決められています。

債券は、償還時には元本が保証され、通常は利率も決まっていることから、**預金に**

近い「ローリスク・ローリターン」の金融商品です。

ただし、償還時の額面と利率を保証しているのは発行者です。その発行者が倒産や財務状況が悪化するなどして約束が守られないことがあります。そのような事態に陥ることを、デフォルト（債務不履行）と呼びます。

デフォルトすると、利率や償還日の変更や返還する金額の減額、最悪は投資元本がほとんど返ってこない場合もあります。これを「信用リスク」と言います。債券投資における最大のリスクです。

したがって、債券投資を検討するにあたり、最も注意して見るべきは「**発行者の安全性**」です。

安全性を知るうえでは「格付け」が役に立ちます。格付けとは、債券の発行者や債券そのものの債務支払能力を評価し、信用力を示したものです。主に日米の４社が格付けを行なっており、ＡＡＡやＢａａといったアルファベットで表示されます。

発行者の安全度合いと利回りは反比例します。発行者が安全であればあるほど利回りは低くなり、発行者の安全度が低くなれば利回りは高くなります。

貸す側からすれば、「貸したお金が確実に返ってくるのであれば利息は低くてもいい、でも返ってこない可能性があるのであれば高い利息を取らないと割に合わない」、そういうことですね。

日本の中で最も安全な発行者は「国」です。国が発行する債券を「**国債**」と呼び、償還時の元本と利率は国が保証しています。安全なゆえに、同じ期間の債券の中では利率は最も低くなります。

通常、国債は法人投資家向けに額面1億円で発行されていますが、個人向けに「個人向け国債」が毎月発行されています。2022年11月末現在の個人向け国債は以下の3種類となっています。

・固定金利型3年満期　利率0・05％。
・固定金利型5年満期　利率0・05％。
・変動金利型10年満期　利率0・17％。

個人向け国債は、いずれも**額面1万円から投資が可能**です。利息は年2回、発行後1年経てば、いつでも換金が可能です。中途換金の場合、所定の金額が引かれますが、元本割れはありません。とても使い勝手の良い金融商品です。

特に、**変動金利型10年満期の個人向け国債**は、市場金利に連動して利率が変動しますので、今後金利が上昇すれば利率も上昇します。**元本の安全性を重視する資金の投資対象としては最もおすすめ**です。

また、日本国内で発行される日本円の債券だけでなく、外国通貨で発行される外貨建て債券や、外国の発行者が発行する外国債券もあります。

なかでも、米国が発行する国債、米国債も投資対象としていいと思います。2022年に入ってからの政策金利引き上げにより、22年11月末現在、期間によって違いますが4％前後の利回りとなっています。ただし、後述する「為替変動リスク」については、よく理解しておきましょう。

債券投資は、決められた利息収入が得られますが、元本が増えることはありません。その意味では、老後のために大きく資産を増やしたい時は選択肢にはなり得ません。

ただ、元本の安全性を重視しつつ、預貯金よりいくらかでも良い利回りを期待する際や、ある程度資産ができた後の分散投資の対象としては十分、検討に値します。

8 不動産への投資信託「REIT」活用法

債券の次は、**REIT（不動産投資信託）**について説明します。

REITは、多くの投資家から集めた資金でオフィスビルやマンションなどの不動産を購入し、その賃料収入や売買益を投資家に分配する金融商品です。

REITは米国生まれで、Real Estate Investment Trust の略です。日本では頭にJAPANのJをつけてJ-REITとも呼ばれています。22年11月末現在、61銘柄が東京証券取引所に上場しています。

REITへの投資のメリットは4つあります。

①、少額から投資できる。

②、流動性が高い。

③、比較的、分配金が高い。
④、不動産のプロフェッショナルが運用、管理を行なう。

REITは投資信託の一種でもあり、投資信託の特徴とメリットがそのまま当てはまります。なかでもREITの最大のメリットは、**「不動産に手軽に投資することができて、しかもいつでも換金できる」**ことです。

3章の「資産形成プラン応用編」でも触れたように、不動産投資は物件の良し悪しを見極める目利き力と多額の資金が必要になります。また流動性が低い、つまり換金したい時にすぐに換金することが難しいので、なかなかハードルが高い投資対象です。しかし、REITは不動産投資の難点を解決したところに最大のポイントがある金融商品なのです。

REITが投資対象としているのは、オフィスビル、賃貸マンション、商業施設、物流施設、ホテル等です。どれかに特化した単一型のREITもあれば、複数の種類に投資する総合型のREITもあります。

いずれも個人で投資するのは難しく、REITに投資することでこれらの不動産から得られるリターンを享受することが可能になります。

上場しているREITであれば5万円前後から投資が可能で、株式と同じようにいつでも売買できます。また、REITは収益の90%超を分配するなどの一定の条件を満たすことで、実質的に法人税がかかりません。

つまり、投資している不動産から得られた賃料等から運営コストを引いた残りが、ほぼそのまま投資家に還元される仕組みとなっているのです。


さて、肝心のREITの選び方ですが、「分配金利回り」に着目する方法があります。

株式投資の項でもお伝えした配当利回りの視点と同じです。

22年11月末現在、上場61銘柄の分配金の平均利回りは3・8%程度、高い銘柄だと5%台の利回りとなっています。銘柄ごとの利回り差は、株式の配当利回りほどはありません。

REITへの投資は、**個別銘柄より、投資信託をおすすめ**します。東証REIT指数に連動するインデックスファンドであれば、上場銘柄の全体の動きと連動しますので、ある意味日本国内の不動産投資全体をトレースできることになります。

9

「為替リスク」「為替メリット」を知っておこう

2022年10月に一時1ドル150円台をつけ、じつに32年ぶりの「円安ドル高」となりました。

みなさんは、円安ドル高の影響をどのように感じていらっしゃるでしょうか。輸入製品や電気代の値上がり、海外旅行時の費用増加など、どちらかと言えばネガティブな印象かもしれません。

ここでは、そもそも為替レート（以下、為替）とはどのように決まるのか、その仕組みと投資の際の影響をご説明しましょう。

為替は外国為替市場で決定されています。外国為替市場は、東京証券取引所のようにどこかに物理的な取引所があるわけではなく、金融機関同士が相対（1対1）で取引をしている場を指します。

日本時間朝5時頃にニュージーランドのウェリントンで取引が始まり、シドニー、東京、シンガポール、ドバイ、ロンドン、ニューヨークと次第に取引の中心は東から西へと移っていきます。ニューヨークは日本時間で21時頃から翌朝6時ころまで取引が行なわれていますので、24時間、世界のどこかで取引が行なわれていることになります。

そもそも、為替はどんな要因で動くのでしょうか？

おおまかに言うと、長期的には2国間の物価上昇率の差、中期的には貿易収支や金利の差、短期的には各種経済指標や政府要人の発言等で動く、ということになります。

まずは、長期的な要因からご説明します。

基本的に、**「インフレ率が高い国の通貨は安く**なり、**インフレ率が低い国、あるいはデフレの国の通貨は高くなる」**という関係が成り立ちます。

たとえば、今、あるボールペンが米国では1本1ドルで販売されているとします。同じ商品が日本では1本100円で販売されている時、1ドルと100円は同じ価値ですので、交換レートは1ドル＝100円ですね。

その後10年経って、米国ではインフレにより物価が上昇し、ボールペン1本1・1

ドルになったとします。

日本では、デフレにより物価が下がり、1本90円で買えるようになったとすると、1・1ドル＝ボールペン1本＝90円です。ドルと円の交換レートは90円÷1・1ドルで、1ドル＝約81・81円となります。1ドルと交換するには100円必要だったのが、約81円で交換できるようになったのですから、「円高」になったわけです。

次に、中期的な要因としては、貿易収支が影響します。

たとえば、日本の自動車メーカーが米国へ自動車を輸出すると、輸出代金は米ドルで受け取りますが、自動車メーカーは受け取った米ドルを円に交換します。この時、米ドルを売って日本円を買う取引が発生します。つまり、**輸出はドル売り円買い**（＝**円の需要アップ**）＝**円高要因**となります。

一方、たとえば食品会社が牛肉を米国から輸入する時は、手持ちの日本円を売って米ドルに替えて輸入代金を支払います。つまり、**輸入はドル買い円売り**（**円の需要ダウン**）＝**円安要因**となります。

この「輸出と輸入のバランス」が為替相場に影響します。

また、「金利の差」にも影響されます。お金はより多く利息がもらえるほうに動いていきます。

コストやさまざまな要素を考慮して米ドルのほうがより稼げるとなれば、日本円を米ドルに替える動きが強くなります。そうでなければ逆の動きになります。22年10月の急激な円安は米国金利の上昇が大きく影響したと考えています。

短期的にはさまざまな要因、たとえば、各種経済指標の発表や政府要人の発言、戦争や大きな災害、為替介入等によっても刻一刻と動いています。

たとえば、2001年9月11日の米国同時多発テロの時は、それまで120円台で推移していたドル円レートは一時115円台まで円高に振れました。また、22年10月21日には、日銀の為替介入によって、瞬間的に7円程度も円高ドル安に振れました。

では、投資をする場合に、為替はどのように影響するのでしょうか。

米国市場で上場している「アップル社」の株式を買うことを考えてみましょう。

アップル社の株価を140ドルとすると、1株買うのに140ドル必要です。

私たち日本人は日本円を米ドルに交換してからアップルの株式を買うことになりますので、1ドル＝150円とすると140ドル×150円で2万1000円必要になります。

その後、アップルの株価は140ドルで変わらず、為替が1ドル＝200円になった場合と1ドル＝100円になった場合を考えてみましょう。

1ドル200円の場合	140ドル×200円＝2万8000円
1ドル100円の場合	140ドル×100円＝1万4000円

いかがでしょうか。日本円換算で見ると、**買った時よりも円安（円の価値が相対的に下がる）になると利益（為替差益）が出て、円高（円の価値が相対的に上がる）と損（為替差損）が出ます**。これはぜひ覚えておいてください。

海外の株式や債券、不動産等、海外の資産に投資した場合、為替の変動による影響はすべて同じです。投資信託の基準価額は円で表示されますが、海外の資産に投資していれば為替の影響を反映した基準価額となっています。

私たちの周りには、海外からの輸入品がたくさんあります。たとえば、ガソリン

（石油）などのエネルギーはほとんど、大豆や小麦等、食料品は6割以上を輸入に頼っています。また、洋服や医薬品なども輸入品が多いです。

22年は、年初から約30％も円安になりました。それだけ円の購買力（価値）が下がったということになります。そのような状況で日本円しか持っていないということは、**実質的に資産が減ることになる**のです。

為替に関する正しい知識を持ち、生活と資産を守るために、**ある程度の海外資産を保有する**ことを考えていきましょう。

10 買ってはいけない金融商品、おすすめ金融商品

この章の最後に、「絶対に買ってはいけない金融商品」と、老後の資産形成に適した「おすすめ金融商品」をお伝えしましょう。

まずは、「絶対に買ってはいけない金融商品」からです。

買ってはいけない金融商品①　新興国通貨建て債券

最初は、トルコリラやブラジルレアル、南アフリカランドなどの新興国の通貨建てで発行される債券です。比較的安全度の高い外国の金融機関や国際機関などが発行者になるケースが多く、信用リスクは低いと言えます。

これら新興国通貨建て債券の特徴は「利率が高い」点です。通貨や満期償還までの期間等によって違いますが、10％前後から中には20％を超えるような利率の債券が販売されています。

一見、**利率が高く魅力的に見えますが、為替リスクが高く、取引コストも相当高い**ので購入してはいけません。

たとえば、トルコリラ／日本円の為替レートは、この10年で45円前後から7・5円前後（2022年11月末）となり、トルコリラは6分の1に暴落してしまいました。これではいくら高い金利をもらっても、円ベースに換算した元本は大損です。

さらに、為替交換にかかるコストがかなり割高になります。

SBI証券のホームページを見ると、トルコリラと日本円の為替手数料は片道0・

25円となっています。往復では0・5円ですから、現在のトルコリラ／日本円からすると、約6・6％も手数料がかかる計算になります。

まして対面型の金融機関であれば、もっと高い手数料を取られます。

このような為替変動リスクと手数料の高さは、新興国ならではの経済や政治、社会の不安定さと流動性の低さに起因するところが大きいです。新興国通貨建て債券は、販売する証券会社等にとっては販売手数料が高く、うまみのある商品ですが、一般の個人が手を出すような商品ではありません。

買ってはいけない金融商品② 仕組み債

仕組み債とは、オプション取引などの金融派生商品（デリバティブ）を使い、複雑な仕組みを作ることで高い利回りを設定している債券の一種です。

債券の発行者とは別の企業の株価や日経平均株価などの株価指数、為替相場などに連動して、利率や元本、償還日が変動します。結果的に、連動する株価等によっては大幅な元本割れを起こすことがあります。

2022年は世界的に株価が大きく下がったため、大幅な元本割れとなった商品が多く、証券・金融商品あっせん相談センターには苦情も殺到しました。私のところにも某金融機関で購入した仕組み債の相談がありましたが、約80%の損、つまり元本はわずか20%程度になってしまっていました。

取引コストが非常に高く、リスクとリターンの見合わない商品であり、絶対に購入してはいけない金融商品です。

仕組み債も証券会社や銀行にとっては儲かる商品です。なかには、収益の8割程度を仕組み債で稼いでいる金融機関もあったようです。

一般の個人にとっては簡単に理解できる商品ではなく、金融庁も問題にしたため、22年9月以降は販売を見合わせる証券会社や銀行が相次いでいます。

次に、老後の資産形成に適した「おすすめ金融商品」をご紹介します。

おすすめ金融商品①　インデックスファンド

あなたが老後の資産形成をしていくにあたり、最もおすすめできる金融商品がインデックスファンドです。なかでも私がおすすめしたいのは、**世界中の株式に投資する**

インデックスファンドです。

3章でもお伝えしましたが、世界中の株式に投資することで世界の成長を取り込むことが可能になります。

現在、世界の人口は約80億人です。2030年には約85億人、50年には約97億人と予測されています。その後80年代に104億人程度でピークに達し、2100年までそのレベルに留まると予測されています。

世界の人口が増えるということは、世界経済もそれに伴って成長することを意味します。当然、企業利益の総和もそれに伴って増加することになります。だから、**世界中の株式に広く投資することによって着実にリターンが得られる**わけです。

今後も短期的にはコロナ禍のような一時的な混乱や停滞、リーマンショックのような景気後退と株価の下落もあるでしょう。しかしながら、長期で見ればそれらを乗り越え、世界人口の増加と世界経済の成長、それに伴う世界の企業の利益成長と株価上昇は続くものと考えます。

具体的な商品も挙げておきましょう。

「SBI・全世界株式インデックス・ファンド」

「eMAXIS Slim 全世界株式（オール・カントリー）」

「SBI・V・全世界株式インデックス・ファンド」

「楽天・全世界株式インデックス・ファンド」


これらの商品は、運用管理費用が低く、純資産額も大きいのでおすすめです。

おすすめ金融商品② 個人向け国債

何よりも安全性を重視する人には、個人向け国債がおすすめです。

元利金は国が保証し、途中で売却することも可能です。

なかでも、**変動金利型10年満期の個人向け国債**は、一般的な預貯金よりも金利が高く、今後金利が上昇しても連動して利率も上昇しますので、特におすすめです。

前述した「債券投資」の項もご覧ください。

資産形成に取り組むことは、老後のお金を増やすことの他に、もう1つ意義があります。それは、「インフレヘッジ」です。

インフレヘッジとは、インフレ（物価上昇）によって、**通貨の価値が相対的に減少するリスクを回避する**ことを指します。

みなさんも実感されていることだと思いますが、22年に入ってから物価が上がっていて、年後半の消費者物価指数は前年に比べて3％程度上昇しました。物価が3％上昇するということは、昨年1万円で買えていた商品が1万300円出さないと買えないということです。

預貯金しか保有していないと、ほとんど金利がつかないので1万円は1万円です。つまり、インフレ（物価上昇）になると、お金の価値は実質的に減少していくことになるのです。

これを阻止するには、株式や不動産、実物資産等で運用し、インフレ率（物価上昇率）以上の利回りを上げることが対策になるのです。

6章

「税制優遇制度」iDeCoとNISA徹底活用法！

1 税制上最も有利な年金制度「iDeCo」の基本

金融機関の選び方、金融商品の選び方がわかったところで、いよいよ資産形成のスタートです。豊かで素敵なセカンドライフのために、少しずつ着実に進めましょう。

まずは、**「アセットロケーション」**を考えることからです。

「えっ、アセットアロケーションなら、もうわかっているよ」

そう思った人もいるかもしれません。よく見てください。この章でお伝えするのは、「アセットアロケーション」ではなくて「アセットロケーション」です。

アセットロケーションとは、その名の通り、**「資産（アセット）」**を**「置く場所（ロケーション）」**のことです。

金融機関を選ぶにしても、金融商品を選ぶにしても、つねに「コスト」を意識することが大切だとお伝えしましたよね。コストは確実に資産形成の足を引っ張ります。

大切なので、おさらいをしておきましょう。

コストには、主に手数料の他に「税金」があります。

投資信託や株式で資産形成に取り組み、十分な利益が出て売却した場合、利益に対して20・315％（所得税15％、住民税5％、復興特別所得税0・315％）の税金がかかるのでしたよね。また、投資信託の分配金や株式の配当金に対しても20・315％の税金がかかります。覚えていますか？

ですから、税金がかからない仕組みがあれば、そこに優先的に資産を配置すること（アセットロケーション）で、より効率的な資産形成ができるわけです。

その税金がかからない仕組みこそが、**iDeCo**（イデコ）であり**NISA**（ニーサ）なのです。iDeCoとNISAは、いわば「老後の資産形成の1丁目1番地」です。必ず活用しましょう。

225ページの図をご覧ください。これは日本の年金制度の全体像です。

1章でもお伝えしましたが、公的年金は国民全員が加入する国民年金（1階部分）と、会社員や公務員が加入する厚生年金（2階部分）の2つがあります。

じつは、さらにその上には3階部分があって、老後の年金を「私的に用意する年金」という意味で、「私的年金」と呼ばれています。

私的年金部分は、働き方や会社によって加入できる制度が違ってきます。

自営業者等（第1号被保険者）は、国民年金基金とiDeCo。

会社員（第2号被保険者）は、iDeCoと企業型確定拠出年金と確定給付年金（DB）。

公務員（第2号被保険者）は、iDeCoと年金払い退職給付。

専業主婦・主夫（第3号被保険者）は、iDeCoに加入することができます。

まずはiDeCoからご説明していきましょう。

iDeCoとは、**「個人型確定拠出年金」**の愛称です。確定拠出年金にはiDeCoと企業型確定拠出年金（企業DC）があります。どのような制度なのかは、個人型確定拠出年金を分解してみるとおぼろげながら見えてきます。

個人型……国や企業ではなく、自分自身で用意する。

確定拠出……拠出する（積み立てる）掛金は確定している。

年金……60歳以降に受け取れる年金。

「老後のお金は自分で増やす」という考え方

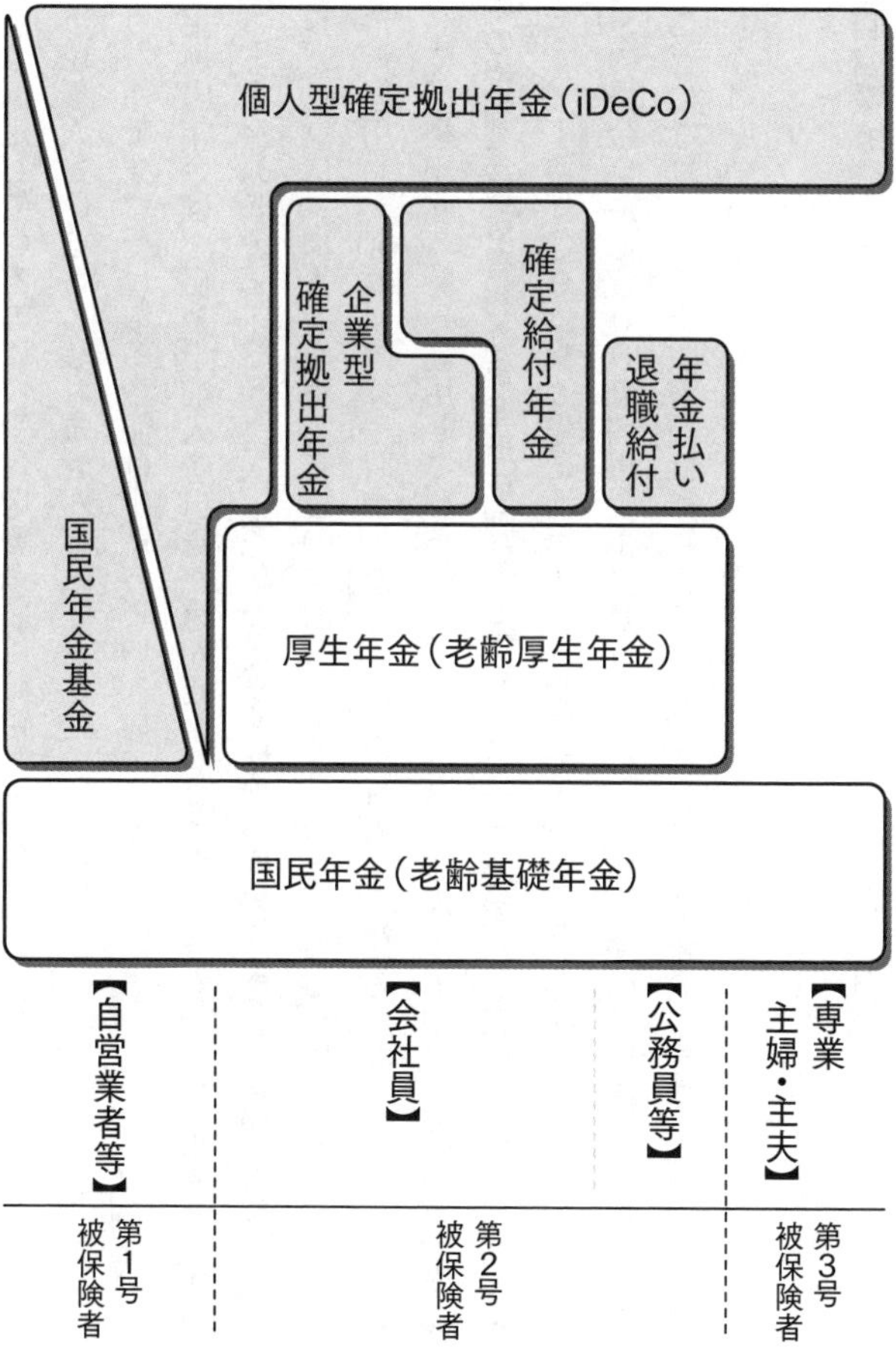

「掛金は確定しているのに、受け取る金額は確定していないの？」

そう思う人もいるかもしれません。

そうなんです。受け取る金額は確定していないのです。

確定拠出年金は、掛金を加入者自身が選んだ金融商品に積み立て（掛金を拠出すると言います）、運用していくので、**受け取る金額は運用成果によって変わります**。

iDeCoは、加入者が毎月一定の金額を積み立て、あらかじめ用意された金融商品で自ら運用し、60歳以降に一時金または年金で受け取る仕組みです。

そして、拠出する時・運用している時・受け取る時のすべてで税制優遇措置のある、**「日本の税制上最も有利な資産形成制度（年金制度）」**なのです。老後の資産形成をするうえで、iDeCoは真っ先に活用すべき制度です。詳しくお伝えしましょう。

毎月の掛金は最低5000円以上1000円単位、上限金額の範囲内でご自身で決めることになります。上限金額は、働き方やお勤め先の企業年金の有無によって、以下のように決まっています。

・自営業者等……月額6万8000円（国民年金基金との合計）。

・会社員（企業年金なし）……月額2万3000円。
・会社員（企業DCあり）……月額2万円（企業DCとの合計5万5000円まで）。
・会社員（厚生年金、確定給付企業年金などと企業DCあり）……月額1万2000円（合計2万7500円まで）。
・会社員（厚生年金基金、確定給付企業年金などあり）……月額1万2000円。
・公務員……………月額1万2000円。
・専業主婦・主夫等……月額2万3000円。

また、掛金は次のような取り扱いになります。

・掛金拠出の休止・再開はいつでも可能。
・掛金は銀行口座からの引落しか給与天引き。
・口座引落し日に残高が不足していた場合、その月は未納となる（追納は不可）。
・掛金の変更は1年（12月分の掛金から翌年11月分までの掛金）に1回だけ可能。

掛金を積み立てる「金融商品」は、以下の種類があります。

・元本確保型……定期預金、保険。
・元本変動型……投資信託。

元本確保型とは、「満期まで保有すれば元本割れがない」という意味です。定期預金はいつ解約しても元本は保証されますが、保険は途中解約した場合に元本割れする可能性があります。

元本変動型は、主に、国内株式、外国株式、国内債券、外国債券、国内REIT、外国REITなどを投資対象とする投資信託です。

また、バランス型と言って、1つの商品の中で国内外の株式や債券などに分散投資する投資信託もあります。

iDeCoに加入できる人は、原則として日本在住の20歳以上65歳未満の全国民です。ただし、国民年金に任意加入していない自営業者等の第1号被保険者と、専業主婦・主夫等の第3号被保険者は60歳未満となります。

iDeCoは何歳から受け取りが可能？

60歳までの通算加入者等期間	受給開始可能年齢
10年以上	満60歳
8年以上10年未満	満61歳
6年以上8年未満	満62歳
4年以上6年未満	満63歳
2年以上4年未満	満64歳
1ヶ月以上2年未満	満65歳
60歳以降	加入後5年経過後

受給開始は、60歳以上75歳以下の中で任意に決めることができますが、通算加入者等期間によっては異なります。上の表でご確認ください。

通算加入者等期間は、他の企業年金制度等から確定拠出年金に移換した資産がある場合は、移換前の期間も合算して計算されます。

受け取り方式は、**一時金、年金、一時金と年金の併用から選択**します。年金方式は5年以上20年以下で受け取りますので、75歳から年金方式で受給を開始した場合、運用を続けながら最長95歳まで受け取ることができることになります。

なお、万が一、60歳より前に高度の障

害になってしまった場合や、死亡してしまった場合はその時点で受け取ることができます（死亡の場合は遺族が受け取ります）。

2 iDeCoで節税をしながら、お金を増やそう

次に、iDeCoのメリット・デメリットと留意点についてお伝えします。

前項で「日本の税制上最も有利」と申し上げました。まずは最大のメリットである税制優遇について詳しくお伝えしましょう。

まず、「拠出時」、つまり、掛金を積み立てる時に優遇される点についてです。

掛金は「全額所得控除」になります。所得控除とは、所得から控除される、つまり「課税の対象ではない」ことを意味します。

会社員の人は年末調整で生命保険料の控除証明書を出しますよね。一般の生命保険

料の年間の控除限度額は所得税と住民税の合計で6・8万円、その分が所得から控除され、多くの場合は年末調整でお金が返ってきます。

iDeCoの場合、働き方や勤めている会社によって掛金の上限は違いますが、なんと掛金の全額が所得控除されるのです！　実際の数字で確認してみましょう。

たとえば、企業年金のない会社員が上限の月額2万3000円を拠出した場合、**年間で27万6000円が所得控除**となります。所得税率が20％であれば27万6000円の20％、つまり5万5200円も節税になるのです。

さらに住民税は10％ですから、27万6000円円の10％分2万7600円も含めると、**合計で8万2800円も節税できる**ことになります。

すごいと思いませんか？　年間8万2800円も節税しながら老後の資産形成ができるのです。

次に、「運用時」に優遇される点についてです。

掛金は毎月、自分で選んだ金融商品に積み立てて運用していきます。商品を乗り換える時や現金を受け取る時は売却をします。

この時、通常は利益に対して20・315％の税金がかかりますが、iDeCoであれば**いくら利益が出ても税金はかかりません**。お得ですよね。

最後に、「受け取り時」に優遇される点についてです。

60歳以降に受け取る場合、所得税がかかる可能性があります。

しかし、一時金として受け取るのであれば「退職所得控除」、年金として分割して受け取るのであれば「公的年金等控除」を利用することができます。

退職金は、退職後の生活を支える大切な資金であることから、他の所得とは分離して計算されます。また、公的年金等にも一定の控除額があることで、税金面での配慮がなされているのです。

ちなみに、iDeCoにも、デメリットと留意点があります。

①、原則として、60歳までは引き出すことができない。

②、手数料がかかる。

③、運用がうまくいかなかった場合、お金が増えず、元本を割る可能性がある。

④、受け取りに関しては、留意しなければならない点がある。

「手数料」には気をつけよう

種類	支払時期	金額	支払先
初回手数料	加入時	2,829円	国民年金基金連合会
事務手数料	毎月	105円	国民年金基金連合会
資産管理手数料	毎月	66円	信託銀行
運営管理手数料	毎月	金融機関によって違う	運営管理機関
給付手数料	受給時	440円	信託銀行

①の「60歳までは引き出すことができない」については、デメリットだと感じている人が多いかもしれません。でも、私は逆に「メリット」だと考えています。

その理由は、**「60歳までは引き出せないがゆえに、確実に老後資金を貯めることができる」**からです。いつでも解約、引き出しが可能だと、途中で引き出して使ってしまう可能性があります。

②の「手数料」は、しっかり認識しておきましょう。上図を見てください。

ここでは毎月かかる手数料に注意してください。

国民年金基金に支払う105円と信託銀行に支払う66円、合計171円は必要になります。仮に月額５０００円の掛金を拠出していた場合、年間の合計は６万円、手数料は最低でも年間２０５２円かかりますので、最初の1年間でみると３・４２％もの手数料率になります。

もし、元本確保型の商品で積み立てしていたら、確実に元本割れになってしまいます。できる限り、限度額いっぱいを拠出することと、投資信託に積み立てていくことを検討しましょう。

また、運営管理機関に支払う手数料は金融機関によって違います。これについてはこの後の項でご説明します。

③の「運用がうまくいかなかった場合、お金が増えず、元本を割る可能性がある」については、大丈夫です！　本書でお伝えしてきたことを実践していただければ、問題ないでしょう。

最後に、④の「受け取り」に関しては、少々、留意しておきたいことがあります。

仮に、全世界株式に投資する投資信託で運用した場合、受け取る直前に株式が大きく下落してしまったら、老後のお金の予定が狂ってしまいますよね。

もし、あなたが一時金での受け取りを希望する場合、受け取る時期が近づいてきたら、よりリスクの低い金融商品に乗り換えることを検討してみてください。

また、掛金の拠出はせず、運用だけを続けていく（運用指図者と言います）ことも可能です。

現行の制度では、65歳になったら新たな拠出はできません。しかし、**非課税での運用を続けることはできる**のです。その後、本当に必要になった時に一時金で受け取る、あるいは年金での受け取りを開始してもいいと思います。

運用指図者の毎月の手数料は、信託銀行に支払う月66円のみ（年額792円）ですので、さほど大きな負担にはならないでしょう。非課税で長く運用を続けることのメリットは大きいです。

ただし、他の退職金のある人が、一時金で受け取る場合には、注意が必要です。退職金を受け取った年の「前年以前4年以内」、iDeCoを一時金で受け取った時は「前年以前19年以内」に、それぞれ他にも退職金を受け取っていた場合は、退職所得控除が調整されてしまいます。金額や勤続年数によっては、iDeCoのメリットが薄れてしまう可能性があるのです。

60歳以降の働き方や収入によっても変わってきますので、専門家や税理士にも相談するなどして受け取り方をよく検討するようにしましょう。

3 「企業型確定拠出年金」とは、どんな制度？

さて、次は「**企業型確定拠出年金（以下、企業DC）**」について解説します。

現在、企業DCに加入している人は782万人います。日本全体の会社員は約3700万人ですので、約20％の会社員は企業DCの加入者ということになります。

しかし、内容をきちんと理解しないまま、会社で言われるままに加入をし、初期設定のまま放置している人が少なくありません。

「そういえば、会社で説明会があって、何か入ったような気がする」

思い当たる人もいるのではないでしょうか？

初期設定は多くの場合、「元本確保型商品」になっていますので、**老後のお金を増**

やす機会を放棄している状態です。

また、転職や退職した場合、転職先の企業ＤＣに入るか、ｉＤｅＣｏへ移換する手続きが必要です。ところが、手続きには結構手間がかかることもあり、忙しくしているうちに忘れてそのままになっている人が多いのです。

６カ月以上、手続きをせずに放置していると、国が現金のまま管理することになります。そうなると、国の管理に変更する費用として４３４８円を取られ、毎月52円の手数料が引かれることになります。しかも「現金から」引かれますので、大切な老後の資金が確実に減ってしまうのです。

この手続きを忘れている人は１１０万人以上と言われています。「案内があったけど手続きしていない」という心当たりはありませんか。弊社に相談に来られた人の中にも、何人もいらっしゃいました。ぜひ一度確認してみてください。

さて、企業ＤＣは、税制優遇のある資産形成制度（年金制度）としては、基本的にｉＤｅＣｏと同じです。しかしながら、以下の点はｉＤｅＣｏとは異なります。

・掛金は企業が拠出するので、個人の所得ではなく、年末調整も必要ない。

・給与ではないので、所得税・住民税だけでなく、社会保険料もかからない。
・手数料は会社が負担するので、加入者自身の費用負担はない。
・掛金額は法令上の上限は5万5000円だが、実際の掛金は会社によって違う。
・商品は会社が用意した中から選定する。

企業DCには、iDeCoよりも有利な点があります。それは、**「社会保険料がかからない」「手数料負担がない」**という2点です。次ページの図をご覧ください。

iDeCoの場合、給与から社会保険料や税金が引かれた後の手取り金額から掛金を拠出、年末調整を行なうことで税金が還付されます。

一方、企業DCの掛金は会社が拠出しますが、給与ではなく、福利厚生費となります。ですから、社会保険料や税金はかからず、加入者はそっくりそのまま自分で選んだ商品に積み立てることができるのです。

社会保険料は、健康保険料と厚生年金保険料と合わせて給料の約30%もの負担率になり、これを労使で折半しています。この社会保険料がかからないというのは、加入者にとっても会社にとっても大きいのです。

企業DCには、iDeCoより有利な点がある

〈iDeCo〉

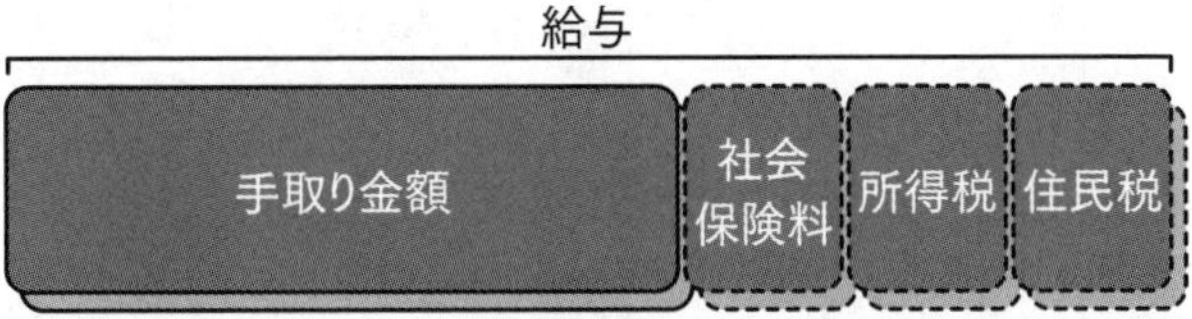

社会保険料、税金が引かれた後の手取り金額から積み立て

年末調整で所得税、住民税で還付

〈企業DC〉

会社が福利厚生費として拠出、加入者が積み立てる

また、前述の通り、iDeCoでは最低でも月171円、年間で2052円の手数料がかかりますが、企業DCではかかりません。

会社が負担しているからです。この点も加入者にとっては大きなメリットです。

運用商品は会社が用意した中でしか選べないので、場合によっては商品ラインナップに不満を持つかもしれません。

しかし、法律上の上限金額は月額5万5000円であり、iDeCoとの併用が可能になったことから、より多くの掛金を拠出できる可能性があります。

ぜひ、担当部署に制度内容を確認してみてください。

ここからは、働き方によって異なる「iDeCoと企業DCとの関係」、そして、掛金についてお伝えします。

◎会社員、公務員（第2号被保険者）の場合

厚生年金被保険者の会社員で、会社に確定給付企業年金（DB）や厚生年金基金がある人は、iDeCoの掛金は月額1万2000円、DB等や企業DCがない人は月

額2万3000円が上限です。そして、企業DC制度があって加入している人は、会社の規約で認められていない限り、iDeCoへの加入はできませんでした。

ところが、法改正により、2022年10月から**企業DCの加入者もiDeCoに同時加入できる**ようになりました。金額は、企業DCと合わせて月5万5000円以下の範囲かつiDeCoは2万円までです。

また、企業DCとDBの両方の加入者は、企業DC掛金との合計2万7500円以下の範囲かつiDeCoは1万2000円まで可能になったのです。

また公務員の人は月額1万2000円が上限ですが、24年12月にはDB等に加入する会社員も含めてiDeCoの掛金上限が2万円に変更される予定です。

会社に確認をしていただき、iDeCoとの併用を検討しましょう。

◎自営業者等（第1号被保険者）の場合

個人事業主やフリーランスの人は、将来もらえる公的年金は国民年金だけです。

実績では満額でも月額約6万5000円にしかなりません。そこで、iDeCoと国民年金基金をフル活用していく必要があります。

国民年金基金は、自営業者等のいわば「公的な個人年金」とも言え、終身、つまり死ぬまでもらえる点が大きなポイントです。国民年金では足らない部分を補うことができて、掛金は全額所得控除となります。

掛金の上限は、国民年金基金とｉＤｅＣｏを合わせて月６万８０００円です。一生の保障重視でいくのなら国民年金基金を中心に、大きく増やしたい場合はｉＤｅＣｏを中心にすることを基本にして、**２つの制度の活用**をトータルで考えましょう。

◎専業主婦・主夫等（第３号被保険者）の場合

専業主婦・主夫の人は、ｉＤｅＣｏをしてもあまり意味がないと思うかもしれません。たしかに、所得がないか、あっても税金がかからない範囲の収入であれば拠出時の税制優遇はありません。

しかし、パートやアルバイトの収入次第で拠出時の所得控除のメリットを受けることができます。所得税が課される**年収１０３万円超が１つの目安**となるでしょう（22年11月現在）。

仮に所得控除のメリットがなくても、運用時と受け取り時の税制優遇はあります。

また、iDeCoを自分で始めることは、パートナー頼みではなく、ある程度経済的に自立することにもつながります。ぜひ検討してみてください。

4 もう1つの非課税制度「NISA」の基本

NISAとは、国民の資産形成を応援する「**少額投資非課税制度**」のことです。

前述の通り、通常は、投資信託や株式の売却益や配当・分配金に20・315%の税金がかかりますが、NISA口座での投資にはそれらの税金がかかりません。

NISA口座には「一般NISA」と「つみたてNISA」「ジュニアNISA」の3種類があります。

まず、一般NISAとつみたてNISAの概要について説明しましょう。

iDeCoと違い、一般NISAとつみたてNISAは、いつでも売却することができます。ただし、NISA口座の商品を売却したとしても、その分の非課税投資枠を再利用することはできません。

他にも以下のような留意点があります。

・一般NISAとつみたてNISAは、どちらか一方のみの利用となる。
・その年の非課税投資枠の未使用分を、翌年以降に繰り越すことはできない。
・非課税期間の終了時期は、投資した日からではなく、投資した年から5年目（一般NISA）と20年目（つみたてNISA）の年末まで。
・NISA口座で購入した商品を売却して損失が出ても、損益通算ができない。

最後の「損益通算」について説明しておきます。

通常は、投資信託や株式への投資で損失が出た場合、利益と相殺することが可能です。これを「損益通算」と呼び、損失が出たとしても節税策として活用することができます。

しかし、NISA口座で出た損失は損益通算ができません。

一般NISA、つみたてNISA、どっちを選ぶ?

	一般 NISA	つみたて NISA
対象者	日本在住の18歳以上	
対象商品	株式、投資信託、ETF、REIT 等	金融庁指定の投資信託とETF
非課税対象	売買益・配当金・分配金	売買益・分配金
非課税投資枠	年間120万円（最大600万円）	年間40万円（最大800万円）
非課税期間	最長5年間	最長20年間
口座開設期間	2023年まで	2042年まで
投資方法	一括投資、積み立て投資	積み立て投資のみ
売却（解約）	いつでも可能	

それぞれの制度について、少し説明を加えましょう。

一般ＮＩＳＡは**年間120万円まで、最長5年間、非課税での投資が可能**です。

たとえば、２０２３年に１２０万円投資した場合、27年まで非課税で保有が可能です。非課税期間が終わった後は、「課税口座に払い出して継続保有する」か「新たに始まる新しいＮＩＳＡ口座にロールオーバー（移管）する」かのどちらかになります。

もちろん、27年までの非課税期間中に売却する選択肢もあります。

前ページの図にもある通り、現行制度の口座開設は23年で終了します。24年からは現在検討中の新たなＮＩＳＡ制度に移行する予定です。

じつは、24年からスタートする新ＮＩＳＡ制度の詳細は決まっていました。ところが、非常に複雑で、わかりにくい制度内容であったことから批判も多く、後述する制度の恒久化と無期限化に伴って新ＮＩＳＡへの移行は取りやめることになったのです。

一方、つみたてＮＩＳＡの投資方法は積み立て投資のみです。年間の投資可能枠は40万円ですから、**毎月積み立てをする場合、月額3万3333円が上限**となります。

また、つみたてＮＩＳＡの**非課税で投資できる期間は最長20年**です。23年に積み立てた投資信託は最長42年までとなり、一般ＮＩＳＡと違ってロールオーバーはできません。非課税期間中に売却するか、20年間終了後は課税口座に払い出すことになります。ちなみに、つみたてＮＩＳＡの対象商品には、「金融庁指定の」という記載があることにお気づきでしょうか。「金融庁の指定」とは、

・純資産残高や設定からの年数等が一定の基準をクリアしている。
・運用管理費用が一定水準以下である。
・購入者手数料がかからない。

ということを表しています。５章でお伝えした「投資信託の選び方」で解説した通りの選定プロセスを経た、一定の基準をクリアした商品のみが選ばれています。つまり、つみたてＮＩＳＡに選ばれている商品は、金融庁お墨つきの良質な商品であると言えます。

さて、一般ＮＩＳＡとつみたてＮＩＳＡ、どちらか一方しか利用することができないのであれば、どちらを利用すれば良いでしょうか？

以下、私の考えをお伝えします。

◎「一般NISA」が向いている人

・個別株式への投資で、大きく儲けたい！

・高配当の株式への投資で、できるだけ多く配当金が欲しい！

・自分の相場観で、タイミングをはかった投資をしたい！

◎「つみたてNISA」が向いている人

・毎月コツコツと「積み立て投資」をしたい。

・できるだけ「長く、非課税で」投資したい。

・良質な「インデックスファンド」でお金を増やしたい。

この本を手に取ってくださったあなたには、つみたてNISAのほうが合っているかもしれませんね。

5 未成年の子どもがいる場合の「NISA活用法」

さて、残りの「ジュニアNISA」についても触れておきましょう。

ジュニアNISAは終了することが決まっていて、23年が投資できる最後の年になります。対象者は0~17歳、非課税投資枠は年間80万円まで、対象商品や非課税対象、投資方法は一般NISAと同じです。

払い出しについては注意が必要で、23年までは未成年の間に売却（解約）して払い出すと課税されてしまいます。この点は24年からは改善され、全額を払い出す場合は非課税で払い出すことができるようになります。

なお、制度が廃止になる24年以降に非課税期間の5年目を迎えたとしても、継続管理勘定へ移し替えることで、**最長18歳まで非課税での投資を継続することが可能**です。

ジュニアNISAの口座は未成年者である本人名義になります。ただし、口座開設手続きや金融商品の選定や投資判断は、本人に代わって運用管理者が行なうことができます。運用管理者は口座開設者本人の二親等以内の親や祖父母等です。

未成年のお子様がいて資金に余裕があれば、利用を検討されてはいかがでしょうか。

ここまで現行のNISAについてお伝えしてきましたが、2022年11月末に政府が開いた新しい資本主義実現会議で、「資産所得倍増プラン」の改正方針が正式に決定しました。詳細は今後の議論を経て決定されますが、明確になったのは、**NISA制度の「恒久化」と「無期限化」**です。

現行の制度で特に問題視されているのが、「時限措置である」点と「期限がある」点です。これまでご説明してきたように、現行の一般NISAは23年で終了、後継の新NISAは24年から28年まで、つみたてNISAは42年までの「時限措置」となっています。

さらに、新NISAの非課税投資期間は28年から5年で終了、つみたてNISAの非課税投資期間は最長20年ですから、45歳で投資した商品は65歳で非課税期間が終了してしまいます。

老後の資産形成という目的からすれば、この期限は十分とは言えません。そもそも、終わりがあることが前提となるため、長期投資が根づかないという問題もあります。

ＮＩＳＡが「恒久的な制度」になり、「非課税投資期限も撤廃される」ことは大歓迎です。投資枠についても拡大される方向で議論されています。

ちなみに、**iDeCoについても加入可能年齢が70歳に引き上げられる方向性**が示されました。ｉＤｅＣｏ、ＮＩＳＡとも、シンプルでわかりやすく、資産形成に大いに役立つ制度になることを期待しています。

6 iDeCoとNISA——金融機関の賢い選び方

ｉＤｅＣｏとＮＩＳＡの内容がわかったところで、どこで始めればいいのか？　つまり、金融機関の選び方についてお伝えします。

まずは、ｉＤｅＣｏからです。

iDeCoは、銀行、証券会社、保険会社など、全国で約160の金融機関が取り扱っています。選ぶポイントは「商品ラインナップ」と「手数料」の2点です。途中で金融機関を変更することは可能ですが、かなりの手間と時間がかかりますし、手数料も必要になります。スタート時に、十分に比較検討をして決めるようにしましょう。

◎「商品のラインナップ」はどうか？

商品ラインナップのチェックポイントは、次の2点です。

①、良質な商品を扱っているか。
②、ラインナップ数は必要かつ十分か。

商品が良質かどうかは、5章でお伝えした投資信託の選び方を参考にしてください。ポイントは、**「低コストのインデックスファンドが用意されているかどうか」**です。

商品ラインナップは、元本確保型商品として定期預金と保険、元本変動型商品は投資信託になります。投資信託は、国内株式、全世界株式、外国株式、外国債券、国内REIT、外国REITが揃っているといいでしょう。

また、運用したい商品が決まっている場合、ラインナップに含まれているかどうかを確認するようにしましょう。

◎「手数料」はどうか？

iDeCoの手数料については、前述の通り、毎月かかる手数料と都度かかる手数料の2種類があります。

毎月かかる手数料には、**どこの金融機関でもかかる171円**と、金融機関によって違う**運営管理機関手数料**があります。運営管理機関手数料は、無料のところと数百円（200円から440円程度）かかるところに二分されます。数百円程度かかるところでも一定の条件を満たせば無料にする、あるいは割引になるところもあります。

月171円だけであれば年間2052円の費用ですが、運営管理機関手数料が440円かかる金融機関だと、171円＋440円で月額611円、年間では7332円の費用負担となります。掛金の残高が少ないうちはかなりの負担になりますので、運営管理機関手数料が無料の金融機関を選びましょう。

iDeCoを始めるには、銀行や保険会社より証券会社のほうがいいです。そして、ここでもネット証券、なかでもSBI証券か楽天証券がおすすめです。この2社であれば、「良質な商品」かつ「必要十分なラインナップ」になっています。運営管理機関手数料も無料です。

次に、NISAの金融機関選びです。

NISAも銀行や証券会社、保険会社で口座開設が可能です。

結論から言えば、やはり証券会社を利用するのがいいでしょう。一般NISAを利用したい人は個別株式も念頭に置いているでしょうから証券会社一択ですし、つみたてNISAもやはりネット証券がおすすめです。

2022年11月末現在、金融庁が指定しているつみたてNISAの商品は、インデックスファンド185本、アクティブファンド24本、ETF7本、合計216本となっています。この中でどの商品を取り扱うかはそれぞれの金融機関次第です。

次ページの図で、取り扱い本数の多い上位10社を挙げました。

ネット証券を賢く利用しよう

金融機関	本数	最低金額	積立頻度
SBI 証券	183	100	毎日、毎週、毎月
楽天証券	181	100	毎日、毎月
松井証券	178	100	毎月
auカブドットコム証券	177	100	毎月
SMBC日興証券	158	1,000	毎月
マネックス証券	157	100	毎月
PayPay銀行	79	500	毎月
フィデリティ証券	42	1,000	毎月
静岡銀行	31	1,000	毎月
大和証券	22	100	毎日、毎週、毎月、隔月、3、4、6カ月ごと

2022年11月30日現在　弊社調べ

ご覧の通り、上位10社でも大きな差があり、選べる商品は10本以下という金融機関も100社以上あります。

また、最低100円から投資ができたり、積み立てを毎月だけでなく、毎日や毎週を指定できる金融機関もあります。

結論としては、ここでもSBI証券か楽天証券を選んでおけば間違いありません。

ところで、iDeCoとNISA、どちらを優先すればいいでしょうか？

両方利用するのがベストですが、私は**iDeCoを優先することをおすすめ**します。

その理由は、「**税制上、最も有利**」だからです。

前述の通り、iDeCoの掛金は全額所得控除になります。所得税と住民税がかからないメリットはとても大きいです。

また、運用中、商品を乗り換えることもできますし、利益が出ても税金はかかりません。乗り換えの手数料もかかりません。

まずは、限度額いっぱいをiDeCoの掛金に回すことをおすすめします。

次に、つみたてＮＩＳＡです。

つみたてＮＩＳＡは、運用中にお金が必要になった場合は売却、現金化できることがｉＤｅＣｏにない有利な点です。**ｉＤｅＣｏを限度額まで、次につみたてＮＩＳＡに可能な限り積み立てることで、ｉＤｅＣｏのデメリットを補完しつつ資産形成ができる**のです。

他の企業年金のない会社員の場合、現在の制度では、ｉＤｅＣｏで月２万３０００円、つみたてＮＩＳＡで月３万３３３３円、合計月５万６３３３円が非課税投資の上限になります。

３章で紹介したように、毎月５万円を「全世界株式」に積み立て投資した場合、20年後の平均的な成績で投資元本１２００万円が２４２２万円になります。利益が１２２２万円出ますので、課税される場合の税金は約２４８万円になります。

これが、丸ごと非課税になるのは大きいですよね！

ぜひ、ｉＤｅＣｏとつみたてＮＩＳＡの併用にチャレンジしてみてください。

7

投資で社会貢献をしながら、豊かな人生を送ろう!

ここまでお読みいただき、ありがとうございました。

この本では、「老後のお金が増える」ことを期待して、「投資信託や株式、債券などに投資する」正しい方法をお伝えしてきました。

一方、私は投資にはもう1つリターンがあると思っています。

それは、投資で社会が良くなる、つまり、「投資は社会貢献」であるという面です。

2022年から高校の授業で金融教育が始まりました。金融庁のホームページには、「中学生・高校生のみなさんへ」(https://www.fsa.go.jp/teach/chukousei.html)というコーナーがあります。

そこに掲載されている「基礎から学べる金融ガイド」という文書に、次のような記載があります。

「投資を通じて社会にも目を向けてみましょう」

新しい事業を興したり、積極的に設備投資・研究開発をしたりする意欲とアイデアをもつ人や企業が、株式などを発行して資金を得ることで、世の中に役立つモノやサービスを提供することができるようになります。

それにより、わたしたちの生活が便利になったり、企業が生み出した利益の還元を受けることができますし、ひいては日本経済全体が活発になることにもつながっていきます。

投資は、わたしたちの家計で眠っているお金を、こうした人や企業を応援するために使う方法の1つといえます。

私は今、コンビニで買ってきたコーヒーを飲みながら原稿を書いています。淹《い》れたてのおいしいコーヒーが飲めるのは、コーヒー豆やカップ、コーヒーマシンなど、さまざまな企業の商品、製品のおかげです。

原稿はノートパソコンで書いていますが、やはり、さまざまな企業が作ったたくさんのパーツから成り立っています。

私たちが便利で豊かな生活ができるのは、世界中に数多くの企業の商品やサービスがあってこそなのです。

投資信託などの「有価証券に投資する」ということは、「企業に活動資金を提供する」ことに他なりません。

有価証券への投資を通じて企業にお金を託し、企業はそのお金を活用して商品やサービスを生み出します。

その企業の生み出す商品やサービスが社会に受け入れられ、多くの人に必要とされれば、企業は雇用を増やし、設備投資を行ない、改良を重ねて、より良い商品やサービスを提供するでしょう。

その結果、企業の業績が向上し、成長発展していくと、「株価が上昇する」とか「配当や分配金が増える」といった形で、資金を提供した人はリターンを得られます。

リターンが得られれば、おいしいものを食べたり、旅行に行ったり、さらに投資をしたり、もしかすると寄付をするかも知れません。

税金だって多く納めることになります。

つまり、投資をすることによって、世の中にお金の好循環が生まれ、より便利で豊かな社会に変わっていく――だから、「投資は社会貢献」なのです。

さあ、あなたも投資を始めて、ご自身の人生と社会を豊かにしていきましょう。

（免責事項と商号）

本資料は投資判断の参考となる情報提供のみを目的として作成されたものであり、投資に関する最終決定は投資家ご自身の判断と責任でなされるようお願いします。

金融商品にはリスクがあります。

詳しくはこちら（https://www.wealthlead.co.jp/notices/）をご覧ください。

本資料に基づいた結果、万一損害を被ったとしても弊社及び情報発信元は一切その責任を負うものではありません。

本資料は、信頼できると判断した情報源からの情報に基づいて作成したものですが、正確性、完全性を保証するものではありません。

本資料は著作権によって保護されており、無断で転用、複製又は販売等を行うことは固く禁じます。

金融商品取引業者 株式会社 WealthLead

関東財務局長（金商）第 3038 号 投資助言・代理業

加入協会：一般社団法人日本投資顧問業協会

本書は、本文庫のために書き下ろされたものです。

濱島成士郎（はましま・せいじろう）
一九六五年、兵庫県生まれ。信州大学経済学部卒業後、新日本証券（現みずほ証券）に入社。資産運用や法人営業に従事し、横浜西口支店他四店舗の支店長を務めた後、独立。真にお客様の役に立つ金融サービスの提供を目指し、株式会社 WealthLead を創業。富裕層向けの資産運用を行なう金融資格の中でも、最難関の「シニア・プライベートバンカー」資格を保有。「お金のパーソナルコーチ」として、経営者や富裕層から絶大な信頼を得ている。近年は、人生一〇〇年時代を豊かに生きるをコンセプトに、「老後の資産形成プラン」の提供にも尽力している。本書はその活動の集大成。

株式会社 WealthLead
https://www.wealthlead.co.jp/
公式チャンネル

知的生きかた文庫

老後《ろうご》の不安《ふあん》がなくなる
50歳《さい》からのお金《かね》の増《ふ》やし方《かた》

著者　濱島成士郎《はましませいじろう》
発行者　押鐘太陽
発行所　株式会社三笠書房
〒一〇二―〇〇七二　東京都千代田区飯田橋三―三―一
電話〇三―五二二六―五七三四〈営業部〉
〇三―五二二六―五七三一〈編集部〉
https://www.mikasashobo.co.jp
印刷　誠宏印刷
製本　若林製本工場

ISBN978-4-8379-8809-0 C0130

知的生きかた文庫

人生うまくいく人の感情リセット術

樺沢紫苑

この1冊で、世の中の「悩みの9割」が解決できる！　大人気の精神科医が教える、心がみるみる前向きになり、一瞬で「気持ち」を変えられる法。

心配事の9割は起こらない

枡野俊明

余計な悩みを抱えないように、他人の価値観に振り回されないように、無駄なものをそぎ落として、限りなくシンプルに生きる──禅が教えてくれる、48のこと。

気にしない練習

名取芳彦

「気にしない人」になるには、ちょっとした練習が必要。仏教的な視点から、うつうつ、イライラ、クヨクヨを〝放念する〟心のトレーニング法を紹介します。

コクヨの結果を出すノート術

コクヨ株式会社

日本で一番ノートを売る会社のメソッド全公開！　アイデア、メモ、議事録、資料づくり……たった1分ですっきりまとまる「結果を出す」ノート100のコツ。

頭のいい説明「すぐできる」コツ

鶴野充茂

「大きな情報→小さな情報の順で説明する」「事実＋意見を基本形にする」など、仕事で確実に迅速に「人を動かす話し方」を多数紹介。ビジネスマン必読の1冊！

C50399